/国家社科基金资助项目/

农村普惠金融
统筹城乡发展的福利测度与制度创新

NONGCUN PUHUI JINRONG
TONGCHOU CHENGXIANG FAZHAN DE FULI CEDU YU ZHIDU CHUANGXIN

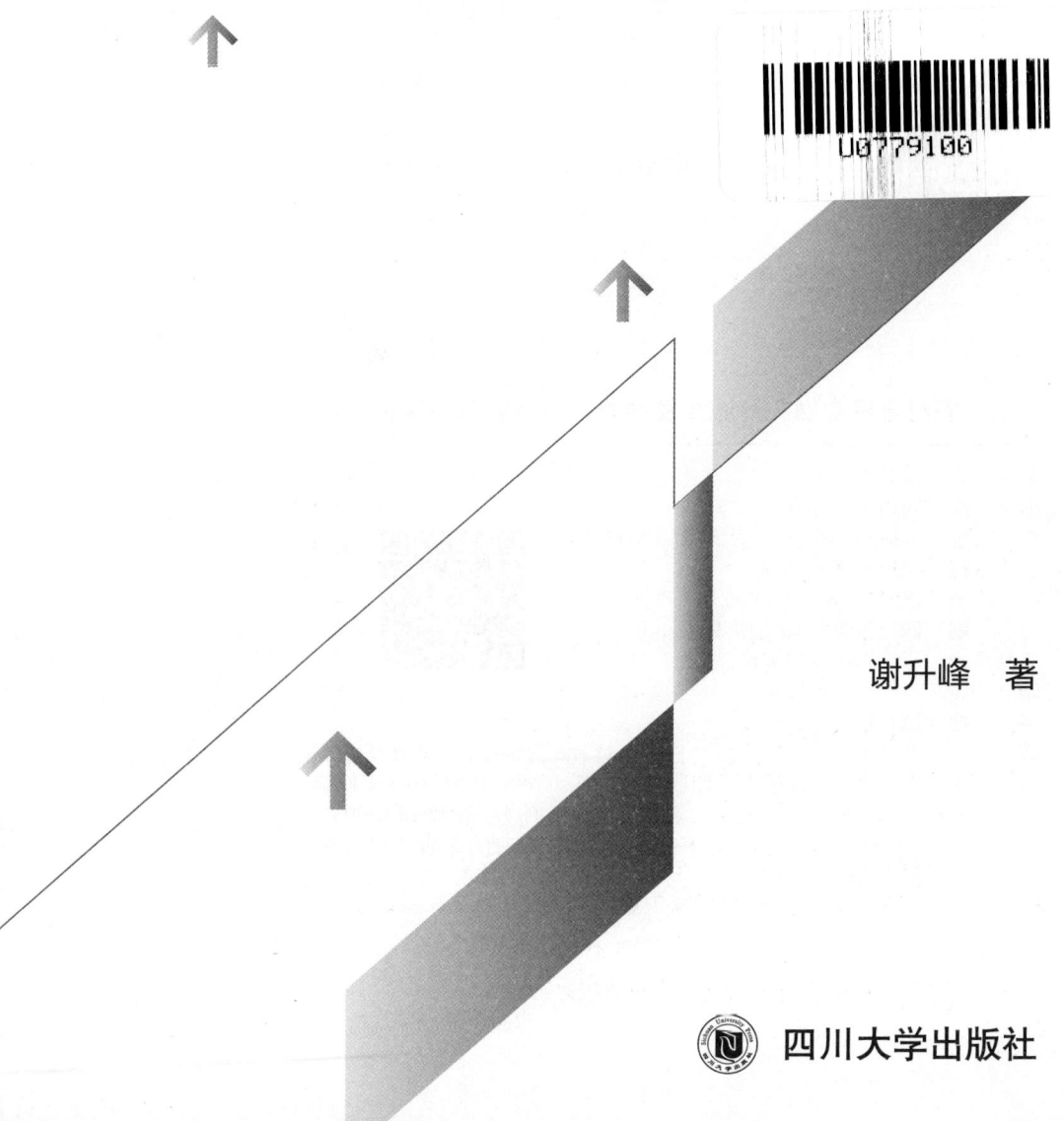

谢升峰　著

四川大学出版社

责任编辑:陈　纯
责任校对:张宇琛
封面设计:墨创文化
责任印制:王　炜

图书在版编目(CIP)数据

农村普惠金融统筹城乡发展的福利测度与制度创新 / 谢升峰著. —成都：四川大学出版社，2018.9
ISBN 978-7-5690-2395-4

Ⅰ.①农…　Ⅱ.①谢…　Ⅲ.①农村金融-研究-中国　Ⅳ.①F832.35

中国版本图书馆 CIP 数据核字（2018）第 218523 号

书名	农村普惠金融统筹城乡发展的福利测度与制度创新
著　者	谢升峰
出　版	四川大学出版社
地　址	成都市一环路南一段 24 号 (610065)
发　行	四川大学出版社
书　号	ISBN 978-7-5690-2395-4
印　刷	四川五洲彩印有限责任公司
成品尺寸	170 mm×240 mm
印　张	11
字　数	211 千字
版　次	2018 年 12 月第 1 版
印　次	2018 年 12 月第 1 次印刷
定　价	38.00 元

◆读者邮购本书,请与本社发行科联系。
电话:(028)85408408/(028)85401670/
(028)85408023　邮政编码:610065
◆本社图书如有印装质量问题,请
寄回出版社调换。
◆网址:http://press.scu.edu.cn

版权所有◆侵权必究

前　言

《农村普惠金融统筹城乡发展的福利测度与制度创新》顺应了党中央的政策导向与研究需求，对我国农村普惠金融发展水平与城乡统筹发展关系进行理论考察、实际调查、效应测度与评价，并从所存在问题的制度根源入手，提出了针对城乡统筹发展的需要而实施农村普惠金融制度创新的若干对策。研究成果对于完善我国农村普惠制金融体系，解决农民、农村小微企业尤其是农村低收入群体金融服务贫乏问题，提高农民收入，缩小城乡差距，提升城乡统筹发展的社会福利，具有重要的政策指导意义。

福利经济学思想与普惠金融思想在核心准则方面具有相通相承之处。农村普惠金融促进城乡统筹发展的机理在于普惠金融异于一般金融概念特殊的基于共享理念的分配机制。这是一种将信贷权就是人权贯彻于金融资源配置的分配机制，强调每个群体、每个人都有获得金融服务机会的权利。这是城乡统筹发展中，农民、农村小微企业（包括农村低收入群体）有机会参与经济发展进而实现社会共同富裕、建立和谐社会的基础。该分配机制的实现，是政府引导、技术进步、农业比较利益提升、农村金融市场充分竞争的结果。

普惠金融统筹城乡发展的代表性国家经验值得我们借鉴。在欧美发达国家（美国、英国、德国等），普惠金融具备商业化和可持续性，促进了城乡统筹发展。其中美国实行的是复合信用型普惠金融助推"郊区化——一体化"模式，该复合信用型普惠金融体系中，政府主导的农村政策性金融体系、农村合作金融体系及大量的社区银行具备了商业化发展趋向；英国的商业银行积极介入普惠金融引导区位化发展，建立起大城市和小城市相容的局面，引导城市人口回流乡村；德国采用了不同类但等值的金融均衡发展战略，商业化的"等值"性合作性金融机构作为农村地区最重要的机构，促进了城乡的融合与发展。而在亚洲的日本与韩国，农协作为合作型普惠金融的承载体助推了城乡统筹发展。其中日本在农协的合作金融中贯彻普惠精神，为新农村建设提供资金以改善农村面貌，实现了城乡一体化；在韩国，农协成为实施普惠金融的准金融机构，以合作金融为本质、依托政府力量建立起普惠金融体系,辅之以"新村运动",城乡得以加速融合。巴西大力推进普惠金融制度建设,一定程度上缓解了"贫民窟"现象,但贫富分化现象仍然严重。其有益经验是:在推进普惠金融方面注重金融创新,实施小额信贷,加大对中小企业的扶持和培育,树立"平民银行"理念;印度虽然具备了普惠金融发展政策的顶层设计,但统筹城乡效果有待提升,"贫民窟"成为城市化进展中的最大隐患。总结上述国家的经验及教训,给中国的启示是:必须通过国家级规划构建复合型、多层次农村普惠金融体制,确立农村合作经济组织在合作金融中的地位,实施普惠金融制度创新,并保持小额信贷及微型金融的可持续性,以促进城乡统筹发展。

我国农村普惠金融统筹城乡发展的效应到底有多大?基于因子分析法对2000—2015年我国城乡统筹度与农村普惠金融水平进行测算,结果显示,我国城乡统筹与农村普惠金融发展水平同步上升,但两者都存在发展中的不足,尤以后者为甚。测算表明,2000年以来,我国城乡统筹福利指数及农村普惠金融发展水平总体呈现同步上升趋势和长期均衡关系,后者是前者的格兰杰原因。从城乡统筹发展情况看,2000—2007年我国城乡统筹福利指数先下降后回升,2008年后则上升较快,到2015年超过中值,达到0.55的高值;从普惠金融发展水平看,2000年水平约为0.05,2009年开始随着农村合作金融以及新型农村金融机构的发展壮大,开始快速提高,到2015年上升到0.40,上升幅度较大,但总体看,目前水平并不高,尚未越过中值0.50。综合考虑上述两类指标体系测算的结果,我们维持两个基本判断:我国农村普惠金融目前仍处于发展的初级阶段,理由是,随着各地以新型农村金融机构为代表的农村中小涉农金融机构数量的不断增加,央行推动的以投入ATM为主要手段的金融覆盖举措的实施,以及农村保险业的快速发展,反映农村金融地理渗透性以及农村保险密度的指标总体处于扩张阶段,但农村金融机构的人口渗透性比例仍然过低,我国农村信用合作社"一社独大"的局面还没有改变广大农村地区金融服务广度和深度不足的问题,农民、农村小微企业及农村各类经济组织在信贷获取上存在较大障碍,农村普惠金融的发展在机构、业务及产品服务方面仍处于初级阶段;同时,我国城乡统筹发展处于城乡关系的第三个阶段——"反哺阶段"。随着我国人均GDP、工农GDP比值、人口城市化率上升,以及农业GDP占比和农业就业比率的下降,我国经济结构呈现反哺期的明显迹象,但我国城乡在各方面仍然维持着较大的差距,突出表现为城乡居民消费水平、城乡收入水平及城乡教育文化差距较大,制约了我国城乡一体化的发展进程。处于工业反哺农业阶段的我国城乡统筹发展,迫切需要农村普惠金融向高级阶段发展,以获得一体化发展建设中足够的普惠型资金支持。

对我国31个省(直辖市、自治区)2007—2015年的农村普惠金融发展水平、城乡居民福利差异程度进行测试,结果显示,总体上看,各地区农村普惠金融总体发展水平尚低,但在不断提高,从区域角度验证了全国层面的实证结论,即我国各地区农村普惠金融总体上越过了完全的金融排斥阶段,向发展的初级阶段迈进;同时也发现,各地区农村普惠金融发展水平并不均衡,东部情况要好于中部和东北部,总体来看西部普惠金融发展水平最低,而西部各省份之间也存在较大的差异;通过对各地区城乡居民福利水平差异的研究分析,得知中国城乡居民福利水平的区域差异明显,并且大体上经济欠发达地区差异更大;在全国层面上,农村普惠金融发展水平对城乡居民福利水平差异指数呈显著的正相关关系,即总体上农村普惠金融发展水平的提高,缩小了城乡居民福利水平的差距。此外,研究还发现,我国西部地区农村普惠金融发展与城乡居民福利差异没有显著关系。究其原因,可能是西部地区的普惠金融供给与需求错配比较严重,金融机构基本上都云集在大城市,服务对象是大型工商企业,并没有很好地服务于农民、农村小微企业,尤其是其中的低收入群体;同时,西部地区农村普惠金融水平本身不高,区域内发展又最不均衡,农村信贷资源可获得性差,城乡差距也相对要大一些。因此,改善程度并不显著。

对中部六省18县(市)农村及城镇家庭进行抽样调查的数据显示,调查所在地区农村普惠金融水平低下,城乡统筹发展一体化程度不高,各方面差距仍然较大。金融机构网点布局少、金融知识宣传不到位,以及金融机构对农村业务的不重视等原因,导致农村金融服务供给不足,农村居民对普惠型金融需求缺口巨大,城乡居民的金融服务满意度存在较大差距,这些因素都制约了城乡统筹水平的提高。此后,通过对湖北省襄阳市谷城县为期八天的定点调研及深入调查,发现当地农民对贷款等金融知识缺乏了解,个人信贷少;乡镇居民及个人贷款难,原因在于抵押物单一,担保匮乏,银行贷款利率高、期限单一,农户还款压力过大且贷款成本过高,手续繁杂;银行在贷款对象及贷款期限方面存在严重错配;贷款风险因素参差交错;金融机构网点分布不合理;农村资金大量外流,农村金融机构网点成了资金外流的虹吸器。

我国农村普惠金融统筹城乡发展的问题存在着制度根源。我国农村普惠金融在统筹城乡发展中的问题主要由传统的"二元"经济结构与金融结构所引致,由于农村金融机构渗透性不足,农村金融产品与服务可获得性差,以及农村金融覆盖率不足,金融资源使用效率低,导致我国农村普惠金融总体处于初级阶段,制约了城乡统筹福利的提升,而金融机构在地区间分布差异较大,农村金融普惠程度出现地区差异，使得普惠金融资源出现区域错配，也影响了城乡统筹的区域均衡；可持续、风控及成本因素成为普惠金融统筹城乡发展的最大障碍，农村普惠金融供需缺口突出阻碍了城乡一体化进程。造成这些问题的制度根源在于：从宏观制度看，存在三重失衡的农村金融发展制度缺陷，农村普惠金融的总体制度设计不完善，关于普惠金融发展的法律制度不健全；从微观机制考察，促进农村普惠性金融机构创新的制度供给滞后，农村普惠金融业务及产品供给存在制度性抑制，促进农村普惠金融发展的风险分担机制缺失。

为了提高农村普惠金融统筹城乡发展的福利效应，必须采取制度创新措施。第一，破解三重困局，创造农村普惠金融发展的有利环境。以城镇化的金融支持为契机，破解城乡"二元金融"困局；以"一带一路"的金融支持为抓手，纠正区域金融发展失衡，并且纳入金融生态观理念，化解普惠金融供给失衡矛盾。第二，对全面完善农村普惠金融制度体系进行专项顶层设计，明确设计目标，规范设计原则，建设完善的普惠金融目标体系，突出体制层面、机制层面及政策层面的设计重点。第三，在法制建设方面，奠定农村普惠金融制度创新基础，完善普惠金融发展与监管的法律体系，出台落实农村普惠金融发展的实施细则，完善农村普惠金融服务对象的征信体系建设。第四，组织创新。重铸农村普惠金融供给侧改革主体，包括发挥政策性金融在普惠金融发展中的引导作用，建立大型商业银行与农村新型金融机构实现城乡对接的机制，构建农村新型合作金融体系，实施新型农村金融机构的组织创新，疏通民间金融机构纳入农村普惠金融体系的渠道。第五，业务与产品创新。拓宽普惠金融服务边界，植入"互联网＋"模式以实施互联网金融业务与产品创新，拓展农村普惠金融的长尾市场；推出适应农业生产经营方式转变的融资工具创新。第六，在风险分担与补偿方面，夯实农村普惠金融发展的保障机制，建立和完善农村普惠金融发展的风险分担机制及风险补偿机制。

目 录

绪 论 …………………………………………………………………（1）

第一章　福利视角下农村普惠金融统筹城乡发展的机理 ………（10）
　　第一节　农村普惠金融促进城乡统筹发展的福利经济依据 ……（10）
　　第二节　农村普惠金融提升城乡统筹发展福利的数理依据 ……（12）
　　第三节　农村普惠金融提升城乡统筹福利的现实机理 …………（14）

第二章　农村普惠金融与城乡发展关系的理论综述 ……………（22）
　　第一节　农村金融排斥与城乡"二元金融结构"研究 …………（22）
　　第二节　农村普惠金融促进城乡发展的福利效应研究 …………（26）
　　第三节　农村普惠金融在城乡发展中存在的问题及制度构建研究 …（31）
　　第四节　关于农村普惠金融发展的福利测度问题 ………………（34）
　　第五节　对国内外研究的简要评价 ………………………………（36）

第三章　普惠金融提升城乡发展福利的国际经验及启示 ………（38）
　　第一节　典型国家的城乡统筹与普惠金融发展 …………………（38）
　　第二节　典型国家普惠金融提升城乡统筹发展福利的模式 ……（45）
　　第三节　对我国的启示 ……………………………………………（53）

第四章　我国农村普惠金融统筹城乡发展的福利测度 …………（55）
　　第一节　城乡统筹福利指数与农村普惠金融水平测算 …………（55）
　　第二节　农村普惠金融作用于城乡统筹福利的实证 ……………（63）
　　第三节　实证结果分析 ……………………………………………（69）

第五章　农村普惠金融发展影响区域城乡居民福利差异的测度 …（71）
　　第一节　我国区域农村普惠金融发展及城乡居民福利差异测度 …（71）
　　第二节　我国农村普惠金融发展影响城乡居民福利差异的效应 …（77）
　　第三节　主要研究结论 ……………………………………………（79）

第六章 农村普惠金融统筹城乡发展的抽样调查研究……………（80）
  第一节 调查指标体系、地点选择及描述性统计……………（80）
  第二节 对调查数据的相关性测度……………………………（84）
  第三节 农村普惠金融提升城乡居民福利的评价：满意度调查………（87）
  第四节 调查县（市）农村普惠金融与城乡统筹发展现状与问题……（88）
  第五节 调查研究结论…………………………………………（90）

第七章 湖北襄阳谷城县农村普惠金融发展专题调研报告………（92）
  第一节 谷城县经济发展与金融发展情况……………………（93）
  第二节 对谷城县农村普惠金融发展的问卷调查与分析……（94）
  第三节 对谷城县发展农村普惠金融的政策建议……………（102）

第八章 农村普惠金融统筹城乡发展的问题及制度缺陷…………（107）
  第一节 我国农村普惠金融统筹城乡发展存在的问题………（107）
  第二节 我国农村普惠金融统筹城乡发展的制度缺陷………（118）

第九章 提升城乡统筹发展福利的农村普惠金融制度创新………（129）
  第一节 宏观层面：奠定农村普惠金融制度发展的基石……（129）
  第二节 微观层面：引入农村普惠金融供给侧改革创新机制………（139）

附表1 《农村普惠金融统筹城乡发展》问卷调查表………………（149）
  第一部分 农村普惠金融统筹城乡发展问卷调查表……………（149）
  第二部分 城乡统筹发展调查……………………………………（150）

附表2 《谷城县农村普惠金融发展》专题问卷调查表……………（152）

附表3 东、中、西、东北部地区农村金融机构数及其从业人员数
  （2007—2015年）…………………………………………………（154）

附表4 各地区涉农信贷与储蓄……………………………………（158）

参考文献………………………………………………………………（161）

后 记…………………………………………………………………（167）

绪　论

一、研究背景

目前,中国尚存在三大差距:城乡差距、地区差距及阶层差距,其中城乡差距最为明显,严重影响了社会公平与共同富裕目标的实现。《中国统计年鉴》各期数据显示,2002年以来,我国城乡收入比一直维持在3∶1水平之上,到2007年达到峰值3.33∶1,城乡居民收入差距创下改革开放以来的最高水平。尽管从2010年开始,农村居民收入增速连续多年超过城镇居民收入,但2015年年末我国城乡居民收入比仍高居2.95∶1。如果考虑到城镇居民在教育、医疗、住房、社会保障等方面还拥有一些非货币性的福利因素,城乡居民的收入差距更高,可能达到4~6倍。城乡差距还包括城乡教育文化差距、城乡医疗差距、城乡就业差距、城乡公共投入差距以及城乡消费差距等方面。例如,我国城镇高中、中专、大专、本科、研究生学历人口的比例基本上都是乡村人口比例的3倍以上。在九年义务教育阶段,农村学生辍学、流失现象严重;目前全国农村合作医疗的覆盖率还有待提升,还有为数不少的农民属于自费医疗群体;我国广大农村基础设施建设落后,公共供给品严重不足等。在中国三大差距中,城乡差距已成为阻碍我国现代化发展的最大瓶颈,导致占全国人口总数43.9%[①]的乡村人口极易陷入收入贫困、能力贫困及权利贫困,并严重影响了和谐社会的建立、经济的发展和社会稳定。在此背景下,统筹城乡发展,实现城乡一体化就成为我国"十三五"规划的重点。

从城乡关系发展的国际经验看,已经实现城乡一体化发展的发达国家一般经历了农业社会、工业化初期、工业化中期及后工业化社会四个时期,相应的城乡关系可以概括为依附、统治、反哺、融合四个阶段。在依附阶段,人类从

[①] 本数据及2015年城乡居民收入比数据均源于《中国统计年鉴》(2016)。

农业社会起步，城市逐步崛起，农村在资金、人力等资源方面提供了城市发展的动力，"乡育城市"态势显现；在统治阶段，城市发展开始以牺牲农业发展为代价，城乡关系出现不均衡发展甚至对立现象；工业化中期，工业开始实施农业反哺，两者协同发展；最后达到终极阶段：城乡融合并实现一体化。因此，城乡一体化是一国现代化和城市化发展的最后阶段，是社会生产力得到极大提升之后社会生产关系的一种质的变革。所谓城乡一体化，是指通过改变城乡二元经济关系，在城乡规划建设、城乡产业发展、城乡文化教育、城乡市场体系构建、城乡生态环境保护、城乡社会事业等公共品提供及政府的城乡政策措施等诸多方面实现城乡趋同，最终实现城乡政策平等、城乡产业互补、城乡国民待遇一致、城乡居民享受相同的文明及实惠，实现整个社会全面、和谐、协调及可持续发展。

二、研究概念界定

城乡统筹发展，就是要将工业与农业、城市与农村、城镇居民与农村居民作为统一的整体，在政策措施制定、制度体制改革方面实施统筹规划和全盘考虑，最终实现城乡融合一体化。城乡统筹发展的实施主体是各级党委和政府，他们在制定、执行经济社会发展政策的过程中，必须充分考虑我国城乡差距的现实，在发展城市、壮大工业、提升城镇居民福祉的同时充分照顾到乡村、农村及农民等各方面的利益，促进城乡经济社会协调发展；城乡统筹的核心与难点是打破城乡分割的"二元经济结构"，任务是实现均衡等值一体化协调发展；目标是推进城乡一体化进程，实现城乡在经济、文化、生活、发展、社会管理、环境条件等方面的融合。如何减小直至消灭城乡差距，实现城乡统筹发展？市场"自然带动"和政府"强制性带动"下的城乡二元结构制度改革、经济分配关系的完善、城镇化的推进、城乡公共资源配置的均衡化、城乡产业结构协同升级等，这些宏观因素固然重要，而由于城乡关系归根结底是一种城乡经济关系，城乡经济关系驱动力又在于以资金为纽带的城乡经济资源流动，因此建立一种能普惠城乡经济的金融体系格外重要，这就涉及普惠金融制度的建立、完善与创新。

普惠金融（financial inclusion，亦译为包容性金融）通常被描述为这样一种过程：保证弱势群体或者低收入群体能得到全方位的金融服务，以及在需要时能及时、足够地获得可负担成本的信贷。普惠金融的概念最早由联合国在宣传"2005 国际小额信贷年"时提出，后被世界银行及众多国家政府部门大力推行。联合国把普惠金融定义为能有效、全方位地为社会所有阶层和群体提供服务的金融体系，认为普惠金融应具有四大基本特征：一是所有家庭都可以以合适的价格获得金融服务；二是拥有健全的管理监督机构；三是具有可持续提供金融服务的能力；四是拥有各类金融服务提供者。[①] 其还在 2006 年提出发展普惠金融的目标在于，在发展中国家建立服务所有阶层的金融体系，提供满足各类群体的金融产品和服务。世界银行将普惠金融定义为："在一个国家或地区，所有处于工作年龄的人都有权使用一整套价格合理、形式方便的优质金融服务。"金融包容联盟的定义是："普惠金融是将被金融体系排斥的人群纳入主流金融体系。"金融包容联盟还认为，普惠金融包括六个核心内容：金融消费者保护、代理银行、手机银行、国有银行改革、金融服务提供者多元化、数据收集与评估体系。[②] Helms（2006）将普惠金融体系划分为四个层次，一是基于金融服务需求者的核心层次；二是基于金融服务供给者的微观层次；三是包括金融基础设施和基础的中观层次；四是包括法律政策的宏观层次。[③] 普惠金融体系主要涉及三个问题：金融机构体系的渗透性（penetration）、金融产品服务可获得性（avilability），以及对金融产品与服务的有效使用性（usage）。[④] 渗透性包括了地理渗透及人口渗透两个方面，指的是金融服务对地区及人口的覆盖程度；可获得性或称可及性指的是人们在使用金融产品与服务时是否便利，同时是否能够负担成本、满足时空要求；使用性则是人们实际接受金融服务，使用金融产品进行投融资的利用程度。

所谓农村普惠金融，则是基于我国存在庞大农村人口，而且这部分群体所享受的金融服务水平低于城镇居民、低于全国平均水平的现实，针对农民、农村小微企业及其他各类农村经济组织（家庭农场、专业合作社等），由金融机构提供的及时、足够、可负担成本的全方位金融服务。农村普惠金融的最早期形态是扶贫性质的资金援助，此后发展为以小额信贷为核心的微型金融形态。一般来讲微型金融是指专门针对贫困、低收入人口和微型企业而建立的金融服务体系，包括小额信贷、储蓄、汇款和小额保险等。作为微型金融运动的先驱

---

① Nations Unies, United Nations Capital Development Fund. Building Inclusive Financial Sectors for Development [M]. New York: Nations Unies, 2006.
② 焦瑾璞. 普惠金融的国际经验 [J]. 中国金融, 2014, (10): 68—70.
③ Helms Bright, Access for All: Building Inclusive Financial Systems [M], Washington, The World Bank, 2006.
④ Mandira Sarma, Index of financial inclusion – A measure of financial sector inclusiveness, Working paper 2012 (7): 152.

者，孟加拉国经济学教授穆罕默德·尤努斯于1976年创立了格莱珉银行，致力于解决乡村居民的金融服务问题，成为微型金融发展的开端。其中小额信贷作为微型金融的发展重心开始受到众多学者的关注。从世界范围来看，微型金融在许多国家证明了其价值，它不仅成为削减贫困的重要机制，也是提供农村金融服务的一种必不可少的主要形式。此后，世界银行扶贫协商小组（CGAP）（2004）在《建设普惠金融体系——捐赠人小额信贷实践指导方针》中分析小额信贷的发展历史及现状时，也提出了农村普惠金融体系的概念，强调为包括穷人和微型企业在内的农村人口提供金融服务。

三、研究意义

本书对此课题的探讨具有很强的实际应用价值与政策意义。党中央早在"十二五"规划中就提出了要进一步完善普惠制金融，以改变金融资源分布的严重不均衡状况。2010年中央1号文件《关于加大统筹城乡发展力度进一步夯实农业农村发展基础的若干意见》，对完善农村普惠金融政策以支持城乡统筹发展作了具体的要求。2012年及2013年中央1号文件则进一步提出必须提升农村金融服务水平、支持城乡统筹发展。2013年11月12日，中共十八届三中全会通过《中共中央关于全面深化改革若干重大问题的决定》，正式提出"发展普惠金融。鼓励金融创新，丰富金融市场层次和产品"。这是"普惠金融"第一次写入党的执政纲领。2015年11月2日中共中央办公厅、国务院办公厅印发了《深化农村改革综合性实施方案》，提出创新城乡一体化体制机制。步入"十三五"时期，发展普惠金融的精神在中央高层达成共识，因此国务院又在2016年1月推出了《推进普惠金融发展规划（2016—2020年）》。

本书顺应了党中央的政策导向与研究需求，对我国农村普惠金融发展水平与城乡统筹发展关系进行了理论考察、实际调查、效应测度与评价，并从所存在问题的制度根源入手，提出了针对城乡统筹发展的需要而实施农村普惠金融制度创新的若干对策。研究成果对于完善我国农村普惠制金融体系，解决农户、农村小微企业，尤其是低收入群体贷款难问题，提高农民收入，缩小城乡差距，促进城乡统筹发展，实现乡村振兴，具有重要的政策指导价值。

本书还具有较大的理论价值。长期以来，理论界一直探讨金融发展是缩小还是扩大了城乡差距，本书纳入了金融发展的异质性与层次性，重点探讨农村普惠金融与城乡统筹这两项重大理论与政策热点问题之间的因果关系，首次对二者进行了阶段性划分及效应测度。同时，对农村普惠金融统筹城乡发展的理论综述和国际比较都较为全面、新颖，不仅廓清了理论界比较困惑的普惠金融促进城乡发展的发生机理、福利经济依据，还首次将代表型国家普惠金融统筹城乡发展的经验与教训进行了总结，为相关研究文献库提供了借鉴，形成了一定贡献；最后，同时引入制度经济学、福利经济学及生态经济学中的相关理论，解释了农村普惠金融发展如何通过分配机制在效率与公平之间取得平衡，对于学术界目前讨论比较热烈的基于公平与效率兼顾的包容性金融发展模式提供了新的研究思路。

四、研究的基本思路与研究方法

本书在研究中，以农村普惠金融发展水平与城乡统筹发展福利水平的因果逻辑为主线，注重文献研究、国际比较研究、量化研究与抽样调查研究，最后进行制度因素评价，并提出制度创新对策。具体研究思路与技术路径如图1-1所示。

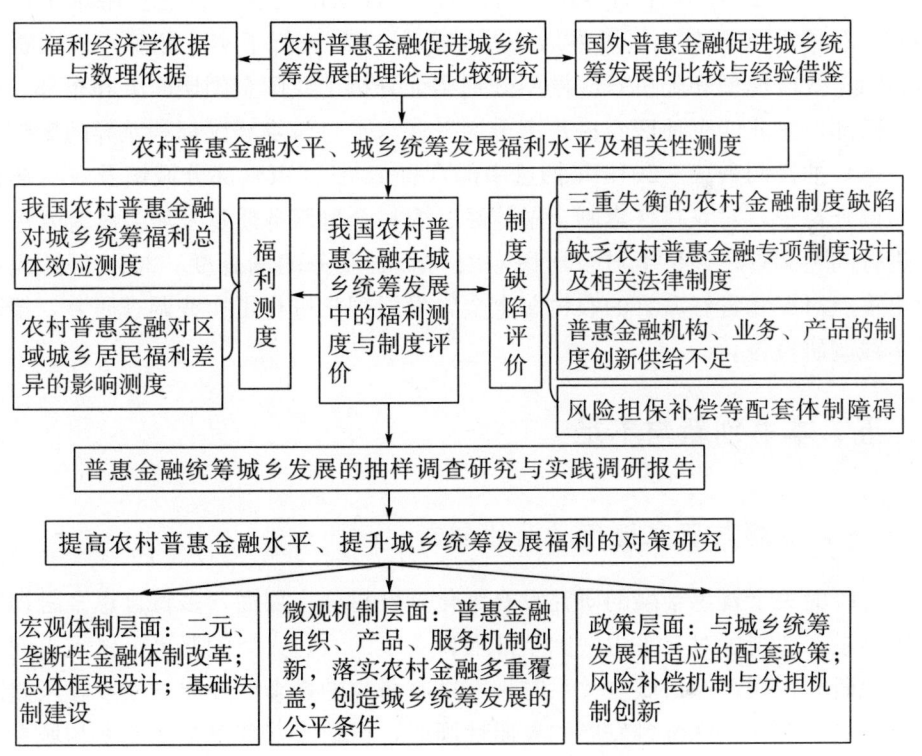

图1-1　本书研究思路与技术路径

本书的研究方法主要有：

（1）文献研究法。本研究收集、整理了国内外普惠金融服务水平的测度指标、测度方法，城乡统筹福利水平的指标及测度方法，福利效应的理论以及福利水平测度的方法与实证的大量文献，通过对文献的系统研究，在了解目前研究的进展、吸收和借鉴相关研究成果的基础上进行了创新性及改进性研究。

（2）比较研究方法。采用比较方法，对国外普惠制金融如何促进城乡统筹发展进行了系统研究，以提供借鉴。重点选取了以美、英、德为代表的欧美发达国家，亚洲的日本与韩国，发展中国家的巴西、印度进行比较研究，总结出了一系列经验教训，为发展我国农村普惠金融以促进城乡统筹提供有益的启示。

（3）统计与计量研究方法。主要采用因子分析法对我国城乡统筹福利指数及农村普惠金融发展水平进行测度；采用截面、时间序列数据及问卷调查数据对农村普惠金融在城乡统筹发展中的福利效应进行研究。其中，重点对2007—2015年我国31个省（市）、自治区、直辖市的农村普惠金融水平以及2007—2015年我国各地区城乡居民福利差异指数进行了实际测算，以面板数据的固定效应模型和随机效应模型分别实证分析了我国全国层面上和东部、中部、西部、东北四个地区农村普惠金融发展水平对城乡居民福利差异的影响。

（4）抽样调查法。2013年抽选中部六省18县（市）部分城镇及农村居民作为调查对象，对农村普惠制金融体系、农村金融服务质量及城乡统筹发展水平进行问卷调查，评估了城乡居民对农村金融服务的满意度。2014年还组织学生重点对湖北省谷城县的农村普惠金融发展现状进行了实践调查研究，撰写了实践调研报告。

五、本书创新与不足

（一）选题与研究视角层面的创新

传统的关于普惠金融的研究没有细化到农村这一层面，多将普惠金融视为全民金融，忽视了对几乎占中国全部人口一半的农村人口的普惠金融需求问题的单独研究，而在探讨城乡关系时多数文献研究的是金融发展与城乡收入差距之间的关系，在忽视金融发展的异质性同时，也缺乏对普惠金融发展与城乡在经济、社会、文化等多方面实现统筹发展之间的内在联系的研究。本成果在理论研究部分纳入金融发展的异质性特征，全面地梳理了农村普惠金融促进城乡统筹的福利效应与作用机制模型,认为农村普惠金融异于一般金融的功能在于分配机制的不同,农村普惠金融的资金资源分配机制是否有效作用于城乡统筹发展变量,是农村普惠金融能否提升城乡居民福利效应的关键。因此从农村普惠金融角度出发研究城乡统筹问题,在选题上有创新,从理论上能丰富国内外相关文献。

(二)测度方法上的创新

本书尝试用因子分析法等测度方法分全国层面及地区层面对我国农村普惠金融发展水平、城乡统筹福利水平及两者的相关性进行测度。目前国际国内对普惠金融水平的测度方法众多,因为指标选择不同,数据可得性不一样,结论也会千差万别,不能统一。在此笔者认为:农村普惠金融水平与城乡统筹福利水平都是多维度、多指标构成的复杂变量,量纲也各不相同,因此很难对两者进行绝对测度,只宜采用相对测度,即测度我国全国层面、区域层面及抽样调查层面农村普惠金融发展水平与城乡统筹发展福利对比度,同时进行相关性分析及横、纵向比较,是合理的、可行的。

首先,根据研究需要及数据特点,我们重点采取了因子分析法,测度了全国层面的农村普惠金融水平、城乡统筹福利指数,同时纳入财政支出、教育发展水平及产业结构等经济变量,在与农村普惠金融水平相比较的基础上,分析了这些因素对我国城乡统筹福利的影响。

其次,对中国 31 个省、市、自治区的农村普惠金融水平与城乡居民福利差异及其相关性进行了测度,并对农村普惠金融在城乡统筹发展中的福利效应进行量化研究,在变量选择与研究方法上有所创新。本书根据 2007—2015 年我国 31 个省市层面的金融、经济以及社会数据,基于国外最新研究成果,借鉴相关方法测度了我国东、中、西和东北部四个地区 31 个省、市、自治区的农村普惠金融水平(LRIF)和城乡居民福利差异指数,运用面板数据固定效应和随机效应模型,实证分析了全国层面和东、中、西、东北地区农村普惠金融发展水平对城乡居民福利差异的影响。

此外,在借鉴已有普惠金融水平测度方法的同时进行了改进。在测算我国全国及地区层次上的农村普惠金融水平时,纳入了农村信贷比率、农业保险密度、农村金融机构渗透性等农村金融发展变量,以真正体现农村普惠金融的发展特征;测度各地区城乡居民福利效应时,又以变异系数法替代权重赋值法来确定农村普惠金融指数各维度、各指标的权重,确保该指数更加切合实际。同时,采用一个综合指数来衡量研究对象即城乡居民福利差异,从而代替单纯以城乡收入差异指标来分析普惠金融发展水平对城乡居民福利造成的影响。这些变量设计与处理具有改进及新意。

(三) 研究观点的创新

第一，本书在进行理论分析及实证研究的基础上提出我国农村普惠金融发展处于第二阶段"初级普惠金融"阶段，我国城乡统筹发展处于第三阶段即"反哺阶段"，并在问题分析、制度缺陷分析及制度创新分析中针对两者的阶段性特征及关联因素进行了深入分析；同时揭示农村普惠金融促进城乡统筹的机制在于其异于一般金融的分配机制，该分配机制将信贷权就是人权贯彻于金融资源配置中，强调每个群体、每个人都有获得金融服务机会的权利。这是城乡统筹发展中，农民、农村小微企业（包括农村低收入群体）有机会参与经济的发展进而实现社会共同富裕、建立和谐社会的基础。该分配机制的实现，是政府引导、技术进步、农业比较利益提升、金融市场充分竞争的结果。这些观点在同类研究中具有前沿性。

第二，本书在国际比较的基础上，认为我国普惠金融在国际上处于较低水平，尤其是在金融机构人口渗透性以及实际信贷资源获得及资金使用效率方面存在不足。通过研究以美、英、德为代表的欧美发达国家，发现其普惠金融具备了商业化、可持续趋势，其中美国的信用复合型普惠金融制、英国商业银行积极介入普惠金融所引导的区位化发展措施，德国不同类型但等值的金融均衡发展战略，都有效促进了城乡统筹；亚洲的日本和韩国则依托农协发展合作型普惠金融实现了城乡一体化。鉴于此，笔者认为中国应在借鉴国外经验的基础上探索自己的农村普惠金融发展模式，如可以参考日本、韩国的经验，通过确立农村合作经济组织在合作金融中的地位，以新型农村合作组织为载体实现合作型农村普惠金融发展以助推城乡一体化。

第三，研究认为，在全国层面，我国城乡统筹与农村普惠金融发展水平同步上升而且存在长期均衡关系，后者是前者的格兰杰原因，两者都存在发展中的不足；在区域层面，各地区农村普惠金融发展水平并不均衡，总体来看东部情况要好于中部和东北部，西部普惠金融发展水平最低，而且其内部各省份本身也存在较大的差异；中国城乡居民福利水平差异明显，并且大体上经济欠发达地区差异更大；在全国层面，农村普惠金融发展水平与城乡居民福利水平差异指数呈显著的正相关关系，即总体上农村普惠金融发展水平的提高，缩小了城乡居民福利水平的差距。但东、中、东北部地区情况又有所不同，反映出我国农村普惠金融发展的区域异质性特征。这些结论在同类研究中独树一帜，丰富了已有文献。

第四，本书在综合分析我国农村普惠金融统筹城乡发展福利效应所存在问题的基础上，通过纳入制度变量，从宏、微观两个层面剖析了六个方面的制度根源，并主张从制度创新方面入手以提升我国农村普惠金融统筹城乡发展的福利效应，观点具有前瞻性。

本书的不足之处体现在，在测算农村普惠金融水平时，由于数据获取方面的困难，没有纳入农村信贷成本因素。此外，在抽样调查中由于人员及时间限制，只调研了我国中部地区部分县（市）城乡居民的基本情况。鉴此，笔者将下述问题作为未来进一步研究的方向：继续完善研究指标体系设计，进一步扩大调研对象至全国60%以上的城乡居民，通过大样本数据对其金融资源可及性、使用性及影响因素进行研究。

第一章　福利视角下农村普惠金融统筹城乡发展的机理

农村普惠金融能否提升城乡统筹发展的社会福利，我们可以从福利经济学的角度去寻找理论依据和答案，因为福利经济学思想与普惠金融思想在核心准则方面具有相通相承之处。农村普惠金融促进城乡统筹发展的机理还在于普惠金融异于一般金融概念的特殊的基于共享理念的分配机制。

第一节　农村普惠金融促进城乡统筹发展的福利经济依据

共享和公平是普惠金融区别于一般金融含义的核心准则，它与福利经济学思想具有理论传承性。福利经济学是研究社会经济福利的一种经济学理论体系，它是由英国经济学家霍布斯和庇古于20世纪20年代创立的。英国学者杰瑞米·边沁最早提出了福利经济学的哲学基础即功能主义原则，到了1920年，英国经济学家A·C·庇古出版了《福利经济学》，标志着旧福利经济学的产生。庇古提出了可以通过货币计量的"经济福利"概念，主张基数效用论，将福利经济与国民收入等同起来，强调了收入均等化；20世纪30年代以后在批判庇古旧福利经济学基础上建立起来的福利经济学称为新福利经济学。1939年卡尔多（N. Kaldor）发表了《经济学的福利命题和个人间的效用比较》，将帕累托的系数边际效用价值论引入福利经济学，并把帕累托提出的社会经济最大化的新标准——帕累托最佳准则作为福利经济学的出发点。随后，卡尔多、希克斯、伯格森和萨缪尔森等经济学家对帕累托最佳准则作了多方面的修正和发展，并提出了补偿原则论和社会福利函数论，创立了新福利经济学。阿罗、罗尔斯等进一步提出了各自的思想主张。福利经济学提出的谋求经济福利最大化所应采取的各种改革措施，以及关于社会福利与个人福利，公平与效率，市场机制与分配调节等政策主张，对于发展普惠金融、促进城乡统筹发展

第一章 福利视角下农村普惠金融统筹城乡发展的机理

具有很强的借鉴意义。

主要的福利经济思想、代表人物，以及体现普惠精神的重要观点，给我们通过发展农村普惠金融统筹城乡一体化提供了机理层面的推断依据，见表1-1。

表1-1 农村普惠金融统筹城乡发展的福利经济思想依据

福利经济思想	代表人物	体现普惠思想的主要观点	农村普惠金融统筹城乡发展的机理推断
古典功利主义	杰瑞米·边沁	功利原则之一：最大多数人的最大幸福是正确与错误的衡量标准	提高占全部人口绝大多数的农村群体的金融福祉是金融政策决策的衡量标准之一
旧福利经济学	庇古	强调收入均等化，主张富人将部分货币转移给穷人会增加经济福利	农村群体平等获得金融服务，可促进全社会金融福祉最大化
新福利经济学	帕累托、卡尔多、阿罗等	核心是帕累托最优准则、补偿原则及社会福利函数论；第一、第二定理：市场机制可以实现帕累托最优，后者强调了起点公平；第三定理：不存在适用所有个人偏好类型的社会福利函数	要达到城乡居民金融福祉一体化和极大化，金融市场效率是必要条件，资金资源的合理分配是充分条件；不存在让所有城乡居民都满意的金融福祉分配
	罗尔斯	社会福利水平取决于境况最糟糕的社会成员的效用水平	改善融资境况最糟糕的农民、农村小微企业的金融服务，才能提高社会金融福祉

基于最新比较新颖和正统的提法，我们引入了金融福祉（Financial well-being）这一概念，在"幸福"和"利益"这一意义上，金融福祉与金融福利两个概念是相通的。Joo（2007）[①]、Gutter 和 Copur（2011）[②] 认为金融福祉是居民家庭金融行为在社会化过程中与所处金融环境相协调的结果，它是居民基本金融需求被满足程度的主观感受和"边际改进"。福利经济思想中的部分观点可以借鉴来作为普惠金融统筹城乡发展、提升社会金融福祉的依据。

对于古典功利学派，虽然边沁的最大幸福主义在一定程度上只能算是空想社会的理想蓝图，但他提出的"追求最大多数人的最大幸福"[③] 对于我们统筹

[①] Joo S. Personal Financial Wellness [R]. Handbook of Consumer Financial Research，2007：21—33.

[②] Gutter M. and Copur Z. Financial Behaviors and Financial Well-being of College Students：Evidence from a National Survey [J]. Journal of Family & Economic Issues，2011，32（4）：699—714.

[③] 边沁. 道德与立法原理导论 [M]. 时殷弘译. 商务印书馆，2000：12.

城乡一体化发展有借鉴意义,那就是金融服务不能忽略占全国人口43.9%的农民,尤其是其中的低收入群体,还有大量的农村小微企业、农村各类经济组织;在旧福利经济学派中,庇古认为实际收入的边际效用是递减的,收入高则边际效用小,收入低则反之,因此主张把富人的一部分货币转移给穷人是有利于增进社会福利的,这反映了普惠金融的思想;新福利经济学提出了检验社会福利的标准,尤其是关于公平和效率如何影响社会福利水平的问题,对一直以来坚持效率原则的金融发展观提出了挑战,即追求盈利、安全、流动"三性"原则的金融业如何引入公平发展理念以提高社会金融福祉,进而客观上提升城乡一体化发展的社会福利效应。这里值得注意的是,普惠金融的思想并不等同于平均分配的思想,而是让大部分群体获得平等使用金融资源的权利。因为按照阿罗不可能定理,不存在适用所有个人偏好类型的社会福利函数,也就是说在市场效率与公平权衡的角度下,不存在让所有城乡居民都满意的金融福祉分配。

第二节 农村普惠金融提升城乡统筹发展福利的数理依据

为了考察普惠金融发展促进城乡统筹发展的社会经济福利,考虑一个简单的两部门经济模型,包含城镇部门与农村部门,其代表性厂商生产函数遵循柯布—道格拉斯生产函数:

$$Q = AK^{\alpha}L^{\beta}$$

式中 Q 代表产量或者收入,A 为外生性社会生产技术变量,K 与 L 分别代表资本与劳动力,α 与 β 分别为资本与劳动的生产弹性。参考 Barro 的处理方法[①],这里我们将融资服务 F 作为内生变量纳入生产函数,下标1表示城镇变量,下标2表示农村变量,无下标则表示包括了城镇与农村两部门的全社会总变量。

则城镇部门代表性厂商的生产函数为:

$$Q_1 = A_1 K_1^{\alpha_1} F_1^{\beta_1} L_1^{1-\alpha_1-\beta_1}$$

同理,农村部门代表性厂商的生产函数为:

$$Q_2 = A_2 K_2^{\alpha_2} F_2^{\beta_2} L_2^{1-\alpha_2-\beta_2}$$

---

① Barro, B. J., Government spending in a simple model of endogenous growth [J]. Journal of political Economy, 1990 (5): 103—125.

式中，$0<\alpha_1,\beta_1,\alpha_2,\beta_2<1$，$0<\alpha_1+\beta_1<1$，$0<\alpha_2+\beta_2<1$，假设生产函数规模报酬不变。

设 θ 为城镇化率，$\theta=L_1/(L_1+L_2)=L_1/L$；$\psi$ 为金融发展程度，$\psi=F/Q$；农村部门外部融资率为 λ，$\lambda=F_1/F$，λ 可视为衡量普惠金融发展程度的变量，λ 越小表明农村金融普惠程度越差，$\lambda=0$ 时农村部门呈现完全的金融排斥；$\lambda=1/2$ 时城乡金融发展均衡，普惠金融也达到较好的协调发展程度。

再设城乡福利差异为 W，由于城乡经济、社会发展、文化统筹度等变量都主要受到城乡收入差异的影响，因此为了简化分析，假设 W 与城乡居民工资率 w 差异相关，为简化分析，直接假设 $W=w_1/w_2$，按照前述的公平原则，W 越大则城乡居民福利差异越大，社会总体福利越小。

设 $q=Q/L$，$k=K/L$，$f=F/L$，可得到两部门生产函数稳态密集形式：

$$q_1=A_1k_1^{\alpha_1}f_1^{\beta_1} \qquad q_2=A_2k_2^{\alpha_2}f_2^{\beta_2}$$

设稳态均衡情况下资本与劳动都按照边际产品支付，$w=\partial Q/\partial L$，则

$$W=\frac{w_1}{w_2}=\frac{(1-\alpha_1)A_1k_1^{\alpha_1}f_1^{\beta_1}}{(1-\alpha_2)A_2k_2^{\alpha_2}f_2^{\beta_2}}=\frac{(1-\alpha_1)q_1}{(1-\alpha_2)q_2}$$

金融发展程度 ψ 由下式给出：

$$\psi=\frac{F}{Q}=\frac{F_1+F_2}{Q_1+Q_2}=\frac{F_1/(1-\lambda)}{Q_1(Q_2/Q_1+1)}=\frac{F_1}{Q_1[1+(\frac{1-\theta}{\theta})(\frac{1-\alpha_1}{1-\alpha_2})\cdot\frac{1}{W}](1-\lambda)}$$

由此得出隐函数：

$$f=\psi(1-\lambda)[1+(\frac{1}{\theta}-1)(\frac{1-\alpha_1}{1-\alpha_2})\cdot\frac{1}{W}]-\frac{F_1}{Q_1}$$

进一步对隐函数的相关变量求导，可以得出：

$$\frac{\partial w}{\partial \lambda}=-\frac{-\psi[1+(\frac{1}{\theta}-1)\frac{q_2}{q_1}}{-\psi(1-\lambda)(\frac{1}{\theta}-1)\frac{(1-\alpha_2)q_2^2}{(1-\alpha_1)q_1^2}}<0$$

表明随着农村部门外部融资率 λ 的提升，城乡金融服务差距缩小，能减小 W 值，亦即农村普惠金融的提升能降低城乡居民福利差异 W，进而提升总体社会福利。

在上述模型中，两部门外部融资资金的产出弹性的差距不断缩小是关键。在普惠金融发展的初期，城镇部门外部融资资金的产出弹性 β_1 大于农村部门外部融资资金的产出弹性 β_2，而随着金融市场竞争加剧，技术进步（核心是互联网、移动支付技术等，体现为外生性社会生产技术变量 A 尤其是 A_2 的提

升）引致微型金融平均成本降低，传统金融与农村普惠金融平均利润趋同，β_1 与 β_2 之间的差距逐步缩小并趋同。在这个趋同过程中，普惠金融对资金资源的分配与再分配机制起到了核心作用，这是一种将信贷权就是人权贯彻于金融资源配置中的分配机制，强调每个群体、每个人都有获得金融服务机会的权利。这是城乡统筹发展中，农民、农村小微企业（包括农村低收入群体）有机会参与经济的发展进而实现社会共同富裕、建立和谐社会的基础。该分配机制的实现，是政府引导、技术进步、农业比较利益提升、农村金融市场充分竞争的结果。这种分配机制不仅促进了农村居民收入的提升，还使资金资源在城乡发展中的社会经济、文化教育、医疗保健等方面实施了基于效率与公平原则平衡基础上的均衡配置，最终提升了城乡居民统筹发展福利。

第三节　农村普惠金融提升城乡统筹福利的现实机理

从人类社会历史发展看，城乡关系大致经历了依附、统治、反哺、融合四个发展阶段。在农业社会，城乡关系表现为"乡育城市"，城市工商、手工业发展的实物基础、价值文化都植根于以土地为生产要素、占经济主导地位的农村与农业。因此，这一阶段可以归结为"依附阶段"，也属于以乡村为主体的"融合"阶段。进入工业社会初期，社会发展的主导部门是以资本和技术为核心生产要素的工业，农业与工业之间存在着的巨大比较利益差异使得城乡出现分离甚至对立，在经济、社会、文化等各方面出现城乡落差，城乡关系进入城市统治农村、农业支持工业发展的所谓"统治阶段"。随着工业化中期的到来，工业具备了反哺农业的条件与内在要求，城乡关系再次重构，城乡要素由单向流动转入双向流动，农业从传统产业向现代产业转型，农业现代化、经济规模化及机械化生产使得农业比较利益上升，工业反哺农业现象出现，城乡关系进入"反哺阶段"。最后，进入工业化后期阶段，传统意义上的农业以及自给自足的农民可能不复存在，农业生产单位企业化，农村甚至成为城市景观的后花园，农民市民化，城乡一体化格局逐步深化，城乡关系因而从工业向农业反哺的"反哺阶段"向"融合阶段"发展，这种最终的融合与第一阶段的不同之处在于，这是一种以城市业态为主体的融合。

与此同时，农村普惠金融水平也从"统治阶段"完全性的金融排斥，发展到"反哺阶段"的初级水平，并最终发展到普惠金融高级阶段。在金融排斥阶段，农村缺乏正规金融机构的金融支持，资金通过各种渠道流向城市，农业为

第一章 福利视角下农村普惠金融统筹城乡发展的机理

工业发展提供了原始积累,"二元金融"结构形成并加以固化。农村虽然存在以农村信用社为主的农村金融机构,但对农村而言多存少贷,农村金融服务匮乏,出现比较全面的农村金融排斥现象;在普惠金融初级阶段,工业反哺农业现象开始出现,农村微型金融机构与民间金融机构大量滋生,原来服务于城市的正规金融机构以及工商业开始与农村金融机构及农业对接,但这是一个长期的过程,"二元金融"结构和农村金融排斥现象在一定程度上还将长期存在;在城乡融合发展阶段,城乡金融均衡发展,包容程度达到最高,普惠金融发展到高级阶段。在高级普惠金融发展阶段,由于技术(主要是互联网、移动支付、通信等技术)进步和长尾市场①机制的作用,整个城乡经济体中存在着投资边际收益率相等的机制,城乡及工农产业差距不断缩小,最终导致传统金融部门与致力于普惠金融发展的微型金融部门的成本曲线和收益曲线发生收敛,资金资源配置公平程度增加,普惠金融机构、业务、产品呈现多元化特征,达到城乡大型企业与小微企业以及城镇居民与农村居民的金融需求大体上同时被满足的均衡状态。普惠金融发展的不同阶段,在金融市场结构、金融机构发展、金融产品与业务提供、技术特征金融资源分配机制等方面存在显著差异,见表1-2。

表1-2 农村普惠金融的发展阶段及特征

农村普惠金融发展阶段	金融产业特征	普惠金融机构特征	产品业务特征	技术特征	金融资源分配机制
金融排斥阶段	国有金融部门垄断,"二元金融"结构形成并固化	以农村信用社、农业政策性金融机构为主	主要针对城镇、国有大企业,农民、农村小微企业等受到金融排斥	小微金融技术落后,向小微企业提供产品的平均成本高	侧重于城市、工业的计划分配,效率优先
初级普惠金融阶段	金融业适度竞争,"二元金融"格局逐步弱化,金融排斥现象一定程度存在	新型农村金融机构等微型金融兴起,农村金融机构具备一定渗透性	扶贫金融、小额信贷为主。农村金融覆盖率、信贷可及性有一定程度提高	技术进步引致微型金融平均成本降低,利润增加	计划机制向市场机制转型,效率优先,开始注重公平

---

① 克里斯·安德森. 长尾理论 [M]. 北京:中信出版社,2006.

续表

农村普惠金融发展阶段	金融产业特征	普惠金融机构特征	产品业务特征	技术特征	金融资源分配机制
高级普惠金融阶段	金融业充分竞争，"二元金融"消失	新型农村金融机构等微型金融机构为主，政策性金融机构为辅，大中小型商业银行及规范的民间金融为重要补充。金融机构具备完全的地理与人口渗透性	多元化、多层次、全方位的农村金融服务	互联网、移动支付技术等金融科技扩展金融服务边界，传统金融与普惠金融总体收益水平趋同	市场机制主导，效率机制与共享、公平机制并重

普惠金融与城乡发展阶段的关系呈现协同上升发展状态，与此同时，城乡居民福利差异 W 越来越小，城乡居民社会总福利（$1/W$）越来越大。如图 1-2 所示。

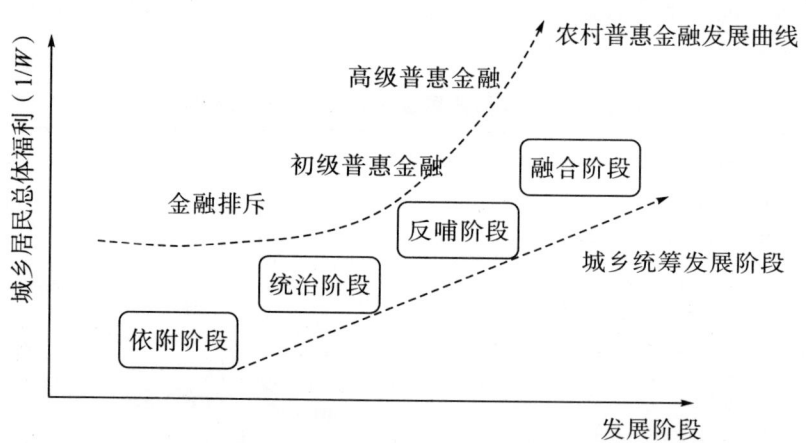

图 1-2　农村普惠金融、城乡关系发展阶段与城乡居民福利

农村普惠金融对城乡统筹发展的福利机制在于，它能促进生产性资源在城乡之间实现"效率+共享"的公平配置；显著弱化我国传统的"二元金融"体系，进而有助于消除城乡二元经济结构；减少非正规信贷资源（出借者）对农民、农村小微企业，尤其是对其中的低收入群体的剥削。因此，实施农村普惠金融制度创新能够通过提供便利有效的金融服务，带动城乡居民及小微企业实现大众创业、万众创新，提高城乡金融市场一体化与城乡统筹的福利水平；反过来，城乡统筹发展也会引起城乡金融需求结构的变化，进而推动金融创新和制度变迁，为提高我国城乡普惠金融服务水平提供条件。

具体而言，农村普惠金融统筹城乡发展、提升社会福利水平的机理主要体现在如下三个方面。

一、农村普惠金融与城乡统筹在公平实现目标上具有一致性

我国贫富差距在很大程度上体现在城乡之间的差距上，由于收入相对较高、贷款抵押品丰富，城市居民及城市大型工商企业在金融服务便利、信贷方面对比农村居民及小微企业明显处于优势地位。这就导致农村出现比较严重的金融抑制现象，资金等资源从农业流向工商业，从贫穷的农村地区流向发达的城市。这种错配的资金循环累积下去必然带来城乡之间发展的不平衡，造成"马太效应"，最终导致城乡发展的不公平。

普惠金融作为小额信贷的延伸和发展，其原意是让社会低收入群体及小微企业也能平等地获得资源使用权，能有效、全方位地为所有社会阶层和群体提供金融服务。普惠金融的本质在于强调只要有金融服务需求的群体都可以享有金融服务的平等权利。在当前我国城乡二元金融结构下，城乡之间在资金要素上处于严重不平等的地位，农村缺乏发展需要的资金要素，弱势群体难以获得正规金融部门的信贷支持。农村普惠金融可以打破这种僵局，不仅能实现资金要素的合理流动和优化配置，促进资金有效转化为资本，更重要的是能够倡导一种公平使用资金资源的权利。可以通过降低金融服务的成本和扩大金融服务的可得性来配置金融资源，实现弱势群体金融需求和供给的有效配比，让农民、农村小微企业，尤其是其中的低收入群体顺畅地获得金融服务。这与城乡统筹的实现目标是完全一致的，也完全符合福利经济学关于谋求经济福利最大化的思想。

二、农村普惠金融水平提升是城乡统筹发展到第三阶段的必然结果

中华人民共和国成立之后，我国城乡关系总体上已经跨过了第二个阶段即"统治阶段"，目前进入了第三个阶段即"反哺阶段"。

首先，经历了统治阶段（1953—2002年）。中华人民共和国成立之后，直到1952年，我国城乡关系还算是正常的，城乡之间要素迁移相对比较自由，城乡结构基本上是开放的。但从1953年开始，我国开始搞大规模经济建设，在计划经济体制下，中央政府开始限制农村劳动力、资本、土地等生产要素流

动,通过统购统销、户籍、人民公社化及工农业产品剪刀差等制度的安排,城乡之间的双向联系和要素流动基本被切断,大量资金通过各种形式流向城市,流向工业,农村向城市工业提供了数千亿计的资金支持。截至改革开放,在中华人民共和国成立的这前30年里,城乡关系的重点特征是城市领导与统治农村,而且在生产要素方面实行城乡分割,形成所谓的"二元结构"。改革开放后,尽管城市与乡村独立发展,形成两个不同的发展体,但城乡差距不断扩大。1984年10月20日,党的十二届三中全会通过了《中共中央关于经济体制改革的决定》,确立了改革的重点由农村转向城市,尽管同年颁布的中央1号文件对于农村在城镇落户的政策有所松动,但城乡差距却急剧扩大,城乡居民收入比从1985年的1.86:1扩大到2002年的3.11:1。城乡关系的"二元结构"特征得以固化,在此阶段,农村是城市发展的提款机,资金流向城市,为城市发展提供资源支持。

此阶段的普惠金融发展形态最差,是所谓较为完全的"金融排斥"阶段。这种排斥包括地理排斥、评估排斥、条件排斥、价格排斥、营销排斥、自我排斥六个维度。[①] 排斥的原因是多方面的,既有农业产业本身的比较劣势及风险因素,也有农村群体资信不足,政策失灵及金融机构自身逐利的原因。金融服务基本上围绕着大城市、大工业,农村虽然有农村信用社、农业银行分支机构等涉农金融机构,但这些机构在网点开放、金融服务提供及贷款配给等方面主要偏向大城市,对于农村基本上是多存少贷,以类似虹吸器的方式将资金抽离农村并流向城市。在此阶段,农村普惠金融形态基本上没有出现。改革开放之后,城乡"二元结构"反而得以固化,城乡也形成了相应的"二元金融"格局:以大型国有银行为代表的城市金融与以非正规金融为鲜明特色的农村金融并存。从1999年开始,四大国有商业银行在四年时间里大约撤去了三万多家地、县以下基层机构,农村合作基金会也被取消,许多农村地区金融服务出现了空白,农村金融抑制现象仍然比较严重,这也证明了1994年以来的农村金融改革也没能扭转农村地区金融排斥的局面。

其次,我国目前进入了"反哺阶段"(2003年至今)。2003年以来,党中央、国务院开始高度重视城乡差距问题,党的十六大第一次明确提出统筹城乡经济社会发展的方略。十七大进一步提出形成城乡经济社会发展一体化的新格局。十七届三中全会再次强调,要始终把着力构建新型工农、城乡关系作为加

---

① Kempson, E & Whyley C. Kept out or Opted out? Understanding and Combating Financial Exclusion [M]. The Policy Press, 1999: 1—56.

快推进现代化的重大战略。十六大以后，随着我国经济发展由工业化初期向工业化中期推进，城乡关系逐步进入了工业反哺农业、城市支持农村，城乡经济社会发展一体化的新的历史阶段。工业化中期阶段主要国家和地区大规模反哺期的国民经济结构见表1-3。

表1-3 工业化中期阶段主要国家和地区大规模反哺期的国民经济结构

国别	时间（年）	人均GDP（美元/人）	农业GDP比例（%）	工农GDP之比	农业就业比例（%）	人口城市化率（%）
美国	1929	6907	9.5	74∶26	21.0	>50.0
英国	1947	6306	6.0	88∶12	5.7	77.9
德国	1953	5438	9.0	84∶16	18.5	72.6
法国	1954	5963	12.0	77∶23	27.0	58.2
日本	1961	4307	13.0	75∶25	31.2	63.5
中国台湾	1974	3645	14.1	76∶24	30.0	66.9
韩国	1980	4103	14.5	74∶26	34.0	57.3
中国	2015	7990	8.9	79∶21	28.3	56.1

数据来源：马晓河等：《工业反哺农业的国际经验及我国的政策调整思路》，载《管理世界》2005年第7期，第56页。中国的数据来源于《中国统计年鉴》(2016)。

2015年中国人均GDP为7990美元，农业GDP占比下降到了8.9%，工农GDP比为79∶21，农业就业比率下降到28.3%，人口城市化率上升到56.1%，这些指标比上述工业化中期阶段主要国家和地区大规模反哺期的经济结构指标表现要好，因此，按照理论界较为一致的观点，可以认为我国目前已进入了"反哺阶段"。尽管如此，我国城乡二元结构格局还没有根本改变，城乡资源要素的体制性分割在一定时间内还将存在，城乡在各方面仍然维持着较大的差距。

此阶段对应的普惠金融形态则由起步萌芽向初级阶段发展。政府意识到了长期城乡分治情况下城乡差距扩大的危害，开始注重金融减贫问题。20世纪90年代初期出现了以扶贫为主要目的的公益性小额信贷机构，这些机构主要由国内NGO组织发起设立。1998年10月，《中共中央关于农业和农村工作若干重大问题的决定》要求总结推广小额信贷等扶贫资金到户的有效做法，小额信贷开始推广开来。此后，小额信贷的发展目标也开始突破仅局限于减贫与扶贫范围，向农村个人及乡镇企业提供贷款支持的各种微型金融组织也开始出现，参与组织也不再仅限于政府及半政府组织，这意味着普惠金融开始起步。后来，由于农业比较利益提高，农村普惠性金融机构如新型农村金融机构、资金互助社、小额贷款公司等逐步增加涉农业务并达到一定规模，城乡新型合作金融成为普惠金融发展的主体；与此同时，城市大型工商银行（传统的五大国有控股银行即"工农中建交"）纷纷涉足规模化的农业生产业务，履行反哺农业的社会责任并能有效实现盈利。在此背景下，农村小微企业获得壮大成长的机会，新型城镇化、新型工业化与农业产业化开始协调发展，城乡在经济、文化、社会发展与环境保护方面出现一定程度的趋同。此阶段也是普惠金融发展的初级阶段。

最后，我国极少数地区即将跨入城乡发展的第四阶段即"融合阶段"。这一阶段是城乡关系发展的终极阶段，城乡资源双向流动，城乡建立平等关系，最终实现统筹一体化。目前除了极少数地方如包括广州、深圳、珠海、江门、中山、佛山、东莞等地区的珠江三角洲，以及苏南部分地区（苏州、无锡和常州等）正在向这一目标迈进之外，我国全国总体上离这一目标还有相当长的时间距离。

总体而言，本课题组认为，我国目前城乡关系正处于第三个阶段即"反哺阶段"，普惠金融水平有了较大提升，但在机构、业务、产品方面仍处于发展的初级阶段，对比表1-2所描绘的高级阶段还有相当程度的差距。

三、农村普惠金融能实现城乡生产要素的合理流动和优化配置

资源配置是金融的核心功能，它包括聚集与分配资金资源两个环节。农村普惠金融针对的是小微企业、农民，包含了低收入群体及特殊群体，它本身在发展目标上兼顾了效率与公平，侧重于公平分配与平等使用原则。因此，与一般的大金融概念功能的差异在于，农村普惠金融体系能够按照共享与公平准则，为农民、农村小微企业或农村各类经济组织的生产和消费筹集资金，同时还能将聚集起来的资金资源在城乡之间、区域之间重新进行有效分配。这种再分配机制不再使穷者更穷、富者更富，而最终实现公平分配及平等使用。因此，农村普惠金融能实现城乡生产要素尤其是资金要素的合理流动和优化配置。

城乡统筹的基础在于生产要素能在城乡之间进行合理的双向流动和优化组合。资金是最基本的生产要素，在城乡一体化实现之前或者初期，由于供给错

配问题，农村地区农户的资金需求得不到满足，因而不能有效地促进农村经济的发展。根源就在于当前我国要素市场在城乡之间是割裂的，直接降低了资金等资源要素在城乡之间配置的效率。普惠金融能够整合城乡资金要素，形成对农村资金的有效供给，破除农村金融抑制，降低城乡资源要素的配置成本，提高农村微观经济主体的交易效率，在更大范围及更深层次实现金融资源的优化配置，促进金融交易的潜在收益向现实收益转化，充当好城市经济对乡村经济的拉力作用以及乡村经济对城市经济的推力作用下的润滑剂。普惠金融发展水平提高之后，资金能够在资源的配置中转化为农村经济发展所需要的各类资本：农村资金资源促进农村土地流转形成土地资本，结合劳动力形成人力资本，融合技术产生技术资本。这些资本能够满足农业产业化链条上所有相关主体的金融服务需求，继而融合城乡之间的物流、信息流以及技术流的相互流动，促进农村产业化格局的形成，最终全面激活农村各个生产要素的流动和高效率的配置，提高农村的生产率水平，减少城乡生产力之间的差距。

第二章 农村普惠金融与城乡发展关系的理论综述

联合国 2005 年宣传小额信贷时广泛运用普惠金融这一词汇，关于普惠金融的研究涉及经济的方方面面，经历了从最初的小额信贷、微型金融，到目前的普惠金融研究热潮。在此过程中涌现了许多有关"二元"金融、金融排斥、金融包容性等经典理论的研究。进入 21 世纪，统筹城乡经济社会发展、实现城乡经济社会一体化，改变城乡"二元金融结构"以解决我国"三农"问题提出之后，关于如何发展农村普惠金融，以促进农村贫困地区建立完善的金融服务体系，使该地区居民享受良好的金融服务，实现城乡统筹发展，成为眼下最热门的话题。与此相对应，农村普惠金融发展不足的现象和原因，其在统筹城乡发展中的地位、福利效应、制度创新等方面的问题日益受到国内外众多学者的关注。

第一节 农村金融排斥与城乡"二元金融结构"研究

早期学者虽然没有直接研究普惠金融问题，但大量文献间接地对农村普惠金融发展程度不足的现象与原因进行了研究，其一是研究农村金融排斥现象，这揭示了金融普惠发展的对立面；其二是揭露了这种现象产生的重要原因，即城乡之间存在着的"二元金融结构"问题。

一、对普惠金融的对立面——金融排斥的研究

国外学者从 20 世纪 90 年代早期就开始研究金融排斥现象。Leyshon &

第二章 农村普惠金融与城乡发展关系的理论综述

Thrift（1995）最早从地理学角度提出了金融排斥的概念。① Panigyrakis、Theodoredist 和 Vefoutsou（2002）正式将金融排斥定义为由于缺乏适当的获取渠道，部分群体不能以合适方式使用主流金融系统提供的金融服务。② Kempson & Whyley（1999）进一步将这种金融排斥细分为地理排斥、评估排斥、条件排斥、价格排斥、营销排斥、自我排斥六个方面。Hogarth and O'Donnell（1997）；Jianakoplos and Bemasek（1998）；FSA（2000）；Gardener et al.（2004）研究了金融排斥的影响因素，认为金融排斥主要受年龄、收入、性别、种族、就业以及婚姻状况等因素的影响。③④⑤⑥ 在量化研究方面，英格兰东南发展机构通过大量原始数据测算了金融排斥指数，刻画了英格兰东南部区域的金融排斥程度与地理分布情况。

国内，大量文献分析了农村金融的排斥现象。张军（1997）从金融自我排斥的角度出发，分析了改革开放以来温州民间借贷规模的迅速扩大以及民间借贷多种多样的活动形式，通过对比农村非正规金融机构的大量创新与正规金融机构（信用合作社）的衰退，指出想要完全抑制非正规金融机构的发展是不可能的，应该引导这些金融机构进入市场，适度开放农村金融市场，使之与农村信用社形成规范有序的竞争局面。⑦ 何广文（2002）则从地理排斥的角度出发，得出我国金融发展的区域差异性。他认为中西部较贫困的地区由于对存贷款的需求较小，而且信息的离散程度较高，导致金融机构在该地区处理信息的成本也较高，缺乏持续发展的潜力。通过对比中西部农村地区与东部经济发达

---

① Leyshon, A., and Thrift, N., 1995. Geographies of Financial Exclusion: Financial Abandonment in Britain and the United States [J]. Transactions of the Institute of British Geographers, 20 (3): 312–341.

② Panigyrakis, G. Theodoridis, P. K., Veloutsou, C. A., 2002. All Customers are not Treated Equally: Financial Exclusion in Isolated Greek Islands. Journal of Financial Services Marketing. 7: 54–66.

③ Hogarth, J. M., and O'Donnell, K. H., 1997. Being Accountable: A Descriptive Study of Unbanked Households in the U. S [R]. Proceeding of the Association for Financial Counseling and Planning Education, Phoenix, Arizon.

④ Jianakoplos, N., and Bernasek, A., 1998. Are Women More Risk Averse? [J]. Economic Inquiry, 36 (4): 620–630.

⑤ Financial, Services, Authority (FSA), 2000. In or Out? Financial Exclusion: A Literature and Research Research Review [R]. London: FSA, Consumer Research Paper.

⑥ Gardener, T., Molyneux, P., and Carbo, S., 2004. Financial Exclusion: Comparative Experiences in Developing Research [R]. Rresented at the WS–BI/World Bank Access to Finance Conference.

⑦ 张军. 高利率在"过滤"风险 [J]. 资本市场, 1997 (Z1): 34–37.

地区经济发展的地区差异性，得出的结论是农村地区对金融服务的需求也存在地区差异性。① 在对我国金融排斥程度进行定量研究方面，王伟、田杰、李鹏（2011）借鉴 Sarma 的普惠金融发展指标（IFI），基于 2008 年我国各省市的数据测算该地区的金融排除度，结果显示，在我国仅有 9.7% 的省份金融排除度低，其中 54.8% 的省份遭受了严重的金融排除，其余遭受中度排除。② 李春宵、贾金荣（2012）通过构建金融排斥指数的测度模型，确定了与金融排斥相关的四个维度（金融服务的可得度、金融服务的深度、金融服务的使用度、金融服务的可负担度）和相应的指标体系，进一步基于省际数据，测算了我国 31 个地区的金融排斥程度，结果显示四个直辖市以及广东省金融排斥较轻；西部地区（青海、新疆等）金融排斥较重；中部地区（安徽、河北、河南）金融排斥相对严重。③

二、对农村金融排斥的注解：城乡二元金融结构研究

与城乡"二元经济"问题相伴随的二元金融结构理论较好地对金融排斥现象作出了解释。国外，W·刘易斯 1954 年在论文《劳动力无限供给条件下的经济发展》中最早提出"二元结构"概念之后，海拉·明特（1964）引申出了正规金融与非正规金融并存的二元金融结构问题。④ 而在农村二元金融结构形成原因的研究方面主要形成了两类观点：信贷市场分割论和政策压制论。信贷市场分割理论由 Stiglitz 和 Weiss（1981）提出，他们通过观察不同层次的借款人是否能够得到贷款，建立了以信息不对称为基础的理论模型，证明了这种存在于借款人和贷款人之间的信息不对称，会导致逆向选择（即使优质的借款人愿意支付高于市场利率的借款利率，也不一定能够得到贷款）和道德风险，银行也面临较高的信贷风险，为降低信贷风险，银行并不会提高利率而是降低利率。尤其是在发展中国家的农村，信贷市场效率低下，信息不对称情况很严重，导致农村金融市场割裂，信贷市场失灵，这是发展中国家形成城乡二元结

---

① 何广文. 处理好农村金融发展和农村经济增长的关系 [J]. 经济研究参考. 2002（7）：27.
② 王伟，田杰，李鹏. 我国金融排除度的空间差异及影响因素分析 [J]. 金融与经济，2011（3）：13-17.
③ 李春宵，贾金荣. 我国金融排斥程度研究—基于金融排斥指数的构建与测算 [J]. 当代经济科学，2012（2）：9-15.
④ 海拉·明特. 发展中国家经济学 [M]. 伦敦：哈钦森大学图书馆，1964.

第二章　农村普惠金融与城乡发展关系的理论综述

构和农村金融排斥的重要原因。① K. Hoff 和 J. Stiglitz（1990）还进而通过分析发展中国家与欠发达国家的农村二元信贷市场，发现在正式的信贷市场上，金融机构作为借贷双方的中介，在国家政策的支持下收取很低的利息，而在非正式的金融市场上，货币的借贷一般发生在亲戚朋友之间，非正规金融机构对比正规金融机构，在信息筛选、监督、合约执行等方面具备自身特有的优劣势，由此固化了二元金融结构现象。② 政策压制论的代表，主要是罗纳德·麦金农（1973）正式提出的"金融抑制"理论，该理论认为政府压制政策中存在过多的金融管制措施，导致金融体系效率低下，农村地区出现金融抑制与金融排斥，继而使经济和金融进入恶性循环状况，而非正式金融机构有不受政策限制的优势，因此形成了二元金融结构，且这种现象在发展中国家更为严重。③ 两种解释都给出了有关二元金融结构的注解，对于后者，政策压制导致的金融抑制是农村二元金融结构形成的原因之一，但并非根本原因，因为在一些金融发展较为成熟，金融体系较为自由的国家，仍存在二元金融结构现象。二元金融结构理论较好地解释了农村金融排斥现象，同样也是农村普惠金融发展不足的重要原因。

国内对二元金融的研究理论众多，这些理论对我国二元金融存在的特点、合理性及发展方向进行了分析。代表性的研究，如张杰（2003）从农村金融结构的角度出发，通过对比正式金融机构与非正式金融机构在经营场所、交易活动主体、交易具体形式等方面的特点和差异，指出非正式金融机构是不被国家监管当局所控制的中介组织，借贷主要通过血缘、道德、信任建立和维持，对农村金融起到拾遗补缺的作用。④ 林毅夫、孙希芳（2005）通过分析国内外非正规金融机构存在的广泛性以及其处理"软信息"（不能按标准化办法收集和处理的消息）方面的特点，指出金融抑制只是非金融机构存在的强化因素，根本性原因在于其处理信息方面的优势，进一步指出农村的二元金融结构有其存在的合理性，从某种程度上来说有利于提高整个信贷市场的资金配置效率。⑤ 张晓山等（2006）在分析农村金融市场信息不对称程度比较严重的基础上，提

---

① Stiglitz J. and A. Weiss. Credit Rationing in Markets with Imperfect Information [J]. American Economic Review, june 1981, 71 (3): 393-410.

② Hoff Karla. Joseph E. Stiglitz, Imperfect information and rural credit market [J]. The World Bank Economic Review, 1990 (3): 235-250.

③ Mackinnon, R. Money and Capital in Economic Development [M]. Washington, D C, Rookings Insititution, 1973.

④ 张杰. 中国农村金融制度：结构，变迁与政策 [M]. 北京：中国人民大学出版社，2003.

⑤ 林毅夫，孙希芳. 信息、非正规金融与中小企业融资 [J]. 经济研究，2005 (7): 35-44.

出应建立多样化、竞争性的农村金融市场来解决信息不完全问题，促进农村金融普惠程度的提升。①

第二节　农村普惠金融促进城乡发展的福利效应研究

国内外学者对于普惠金融促进城乡发展福利效应的研究，主要是围绕普惠金融对于贫困缓解、促进分配公平，以及能否缩小收入差距等方面进行的。

一、国外学者的研究

国外学者关注的焦点集中在普惠金融发展对贫困缓解的效应及对公平的影响方面。Zeller and Sharma（1998）通过对非洲、亚洲、拉丁美洲贫困地区的信贷水平和农户收入水平进行研究，发现良好的信贷服务可以显著提高农民的消费效用，通过对比开展小额信贷前后的农村经济指标（食品消费支出、金融机构与非金融机构的年均贷款额、不同的贷款来源）的变化，分析得出农村小额信贷服务可以提高农户收入，最后指出必须针对该地区的金融机构，设计必要的公众政策，刺激私人主动性、公众投资等要素，才可能改善贫困状况。② Liza Valenzula（2001）将非正规小额信贷、非政府组织与银行合作的小额信贷、孟加拉乡村银行模式，以及其他非正规金融机构开展的小额信贷等11种模式都纳入小额信贷概念，他通过对1990年以来发展中国家正规金融机构开展的小额信贷业务进行总结分析，认为正规金融机构开展小额信贷具有许多优势，如拥有广泛的分支网点以及存贷款的经验，对于中小金融机构来说，开展小额信贷业务无疑是一种新的发展空间。③ Khandker、Samad、Khan（1998）通过对孟加拉国三个最重要的小额信贷项目（格莱珉银行、孟加拉乡村进步委员会、孟加拉乡村发展委员会）进行描述性计量统计分析，以此量化小额信贷对农村经济的影响。结果表明，这些项目对收入、生产、就业，特别是农村非农部门都有显著的正效应，其中格莱珉计划使得参与者收入增加62%，参与

---

① 张晓山，等. 走向多元化、竞争性的农村金融市场 [M]. 太原：山西经济出版社，2006.
② Zeller Manfred, Manohar Sharma. Rural Finance and Poverty Allevation [R]. Food Policy Report, IFPRI, 1998.
③ Liza Valenzula. Getting the Recipe Right: The Experience and Chenllenges of Commercial Bank Downscales [J]. in the Commercialization of Micro finance, Kumarian Press, 2001.

第二章　农村普惠金融与城乡发展关系的理论综述

的村庄产量增加一倍。① Elizabeth、Morduch、Hashemi（2003）在分析低收入群体的经济活动时，发现他们在就业、教育和医疗保健方面急需收入或救济，而政府单一的干预措施无法使他们战胜贫困。研究发现获得金融服务是其他基本干预措施的基础，进而指出微型金融的发展可以改变贫困家庭的生活，比如一个安全便利的储蓄账户，用于存储、保护和增加他们的收入，这在一定程度上可以改善贫困人口的福利并降低其经济脆弱性。② Mahjabeen（2008）研究了孟加拉国1999—2000年小额信贷机构在一般均衡下的福利效应及分布的影响，发现与不引入微型金融机构相比，小额信贷能提高家庭收入和福利，减少收入差距。这意味着小额信贷是一种有效的发展战略，并且对于减少贫困，平衡收入分配，实现发展目标具有重要意义。③ Srikant M. 和 J. Yuthas（2008）认为，小额贷款作为普惠金融的具体实现形式，可能是世界上最强大的新的解决贫困的办法。他还通过对比以客户为中心和以机构为中心的小额信贷，发现以客户为中心的小额信贷更能解决贫困问题，建议小额信贷机构应该创新更有效、可持续的服务体系，以帮助客户建立成功的企业而不是促进更多的贷款。④

还有些文献研究意义与价值重大，但研究对象是笼统的金融概念而非普惠金融形态。如 Beck、Thorsten、Demirgilc-Kunt and Levine（2007）选取了1960—1995年72个国家的金融数据，纳入私人信贷、基尼增长系数、最低收入增长份额，以及员工人数增长率等指标，进行普通最小二乘回归以及动态面板辅助变量回归分析，得到的结论是金融发展可以较大比例地提高贫困地区的收入，减少收入不对等的情况。⑤ Honohan（2004）通过对中国、俄罗斯、英国及韩国的金融发展进行截面回归分析，他在强调金融发展对促进可持续经济增长重要性的同时，也认为金融密集型增长可以降低贫困率，建立完善的金融

---

① Shahidur R. Khandker, Hussain A. Samad, Zahed H. Khan. Income and employment effects of micro-credit programmes: Village-level evidence from Bangladesh [J]. Journal of Development Studies, 1998（2）：96—124.

② Littlefield Elizabeth, Jonathan Morduch, and Syed Hashemi. Is Microfinance an Effective Strategy to Reach the Millennium Development Goals? [J]. Focus Notes, 2003（24）：10—21.

③ Rubana Mahjabeen. Microfinancing in Bangladesh: Impact on households, consumption and welfare [J]. Journal of Policy Modeling, 2008, 30（6）：1083—1092.

④ Srikant M. Datar Marc J. Epstein&Kristi Yuthas. In Microfinance, Clients Must Come First [J]. Standford Social Innovation Review, winter 2008：37—45.

⑤ Beck, Thorsten, Demirgilc-Kunt A. and Levine. Finance, Inequality, and the poor [J]. Journal of Economic Growth, 2007, 85（1）：27—49.

体系与机制对降低贫困有着至关重要的作用。①

在金融发展的公平效应方面,多数国外学者认为普惠金融发展有利于收入分配平等并促进经济增长。Banerjee and Newman(1993)通过建立基本模型并进行定性分析,推论出金融市场准入制度的不完善是出现收入不平等和贫困的主要原因,强调只有提高金融体系的效率,发展普惠金融才能促进收入与经济增长。② Li, Squire, Zou and Li, Xu, H. Zou(1998)认为收入不平等在一国国家内部相对稳定,但是在国际之间差距相当大。他们通过分析各国政治、经济与资本市场的缺陷,并进行实证,推断出金融深度的初始分布是不公平的重要决定因素。他们还利用基尼系数进行测算,发现金融发展有利于收入不平等程度的降低,③ 2006年又以横截面与面板数据进行回归分析证实了这一结论。

二、国内学者的研究

首先,国内学者对普惠金融发展能否带来福利效应,基本上都持肯定态度,认为如果能建立普惠金融商业化可持续发展模式,就可以以合理的价格为包括弱势群体在内的全体社会成员提供各种金融服务,更好地体现金融的公平性,惠及低收入群体。杜晓山(2006)针对欠发达地区农村存在的金融网点覆盖率低、甚至为零,中西部一些处于地理劣势的居民的金融需求得不到满足,而且在这些地方金融领域无法形成有效的竞争局面等情况,提出金融体系不应该只是为富人服务,大量处于弱势的客户也应该享受同样公平的服务。因此他认为对于农村金融存在的问题,尤其是城乡"二元金融"问题,通过农村金融改革、尤其是发展普惠制金融可以加以解决。④ 吴晓灵(2010)在"首届中国小额信贷创新论坛"中指出,普惠制金融能够为贫困地区居民和中小企业提供金融服务,一方面增加就业创业机会,另一方面有效配置资源,坚持为实体经济服务,是促进社会发展、提高社会整体福利的重要选择。⑤ 王睿,明悦,蒲

---

① Patrick, Honohan. Financial development, growth, and poverty: how close are the links? [R]. World Bank Policy Research Working Paper, 2004:3203.
② Banerjee, A. and A. Newman, Occupational Choice and the Process of Development [J]. Journal of Political Economy, 1993, 101(2):274-298.
③ Li, H., L. Squire, and H. Zou. Explaining international and intertemporal Variations in income inequality [J]. Economic Journal 1998(108):26-43.
④ 杜晓山. 建立可持续性发展的农村普惠制金融体系 [J]. 金融与经济, 2007(2):33-37.
⑤ 吴晓灵. 普惠金融是中国构建和谐社会的助推器 [N]. 金融时报, 2010.06.21.

第二章　农村普惠金融与城乡发展关系的理论综述

永健（2008）通过分析小额信贷的发展状况，指出小额信贷作为普惠制金融的具体实现形式，对缩小收入差距、促进城乡一体化发展具有重要的推动作用。在分析普惠制金融公平、效率等基本特征基础上，指出普惠制金融涵盖了多种金融机构，能够在资金配置以及信贷业务上保持稳定，保证贫困地区和弱势群体平等地享受金融服务。[①] 孟凡征等（2014）通过对农村地区居民进行问卷调查，结论是农村普惠制金融的发展对农村地区居民和金融机构的福利提高有显著的正效应，主要是因为信息通讯技术的发展将促进互联网与金融的高效结合，当前手机银行等移动金融的福利效应最为显著。[②]

值得注意的是，在能否促进城乡差距缩小的问题上，国内文献基本上没有考虑金融发展的异质性，没有纳入金融发展的普惠因素，只是笼统地研究了金融发展与城乡差距尤其是城乡收入差距的关系，结论各异。一种观点是金融发展会缩小城乡收入差距，如张立军、湛泳（2006）从三方面提出了金融发展影响城乡收入差距的作用机制：一是金融发展的门槛效应（低收入群体由于很难跨越金融服务的门槛，导致其不能享受金融收益）；二是金融发展的非均衡效应（金融发展的非均衡影响收入差距变化）；三是金融发展降低贫困的效应（金融发展带动的经济发展可以缓解低收入群体的贫困）。并进一步基于除西藏、重庆之外的 29 个省（市、自治区）进行实证检验，结果显示金融发展确实可以缩小城乡收入差距。[③] 另一种观点是金融发展会扩大城乡收入差距，如叶志强、陈习定、张顺明（2011）选取我国 1978—2006 年各省的面板数据，将城乡收入差距（城镇实际收入/农村人均实际收入）与金融发展数据（银行信贷 GDP，人均 GDP 等）进行建模回归分析和稳健性检验，结果显示金融的发展会扩大城乡居民的收入差距，作用机制体现在金融发展与农民的收入增长呈负相关，而与城市居民的收入增长不相关。[④] 第三种观点则具有一致性，就是金融发展的不均衡会扩大城乡差距。由于中国金融市场发展具有地方特色性，城乡、产业、地区之间的金融资源配置严重失衡，尤其在农业发展方面，金融对农业的资助与扶持所占的比例较小，而作为农村金融供给主体的信用合

[①] 王睿、明悦、蒲永健. 普惠性金融体系下农村小额信贷机构的研究分析 [J]. 重庆大学学报：社会科学版, 2008 (5)：28—34.

[②] 中国人民银行合肥中心支行课题组. 农村普惠金融发展及其福利效应研究 [J]. 金融纵横, 2014 (12)：47—56.

[③] 张立军, 湛泳. 金融发展影响城乡收入差距的三大效应分析及其检验 [J]. 数量经济技术经济研究, 2006, 23 (12)：73—81.

[④] 叶志强, 陈习定, 张顺明. 金融发展能减少城乡收入差距吗？——来自中国的证据 [J]. 金融研究, 2011 (2)：42—56.

作社也没有对农业起到太大的扶持作用。这就导致农村金融的发展规模与效率远远低于城市,农民没有享受到很好的金融服务,使得收入差距越来越大。姚耀军(2005)选取了1978—2002年金融发展的规模指标与效率指标,基于VAR模型进行协调整合分析与格兰杰检验。结果表明,金融发展的规模会扩大城乡收入差距,金融发展的效率会缩小城乡收入差距,因此实现金融的均衡发展要从提高金融效率方面缩小城乡收入差距。[①] 王忠钦(2006)分别从理论与实证两个角度出发,分析金融发展是否不均衡以及如何扩大城乡收入差距,指出:一方面,由于自然和历史的原因,国家制度和政策没有充分考虑社会的公平,也没有赋予城乡居民均等的教育资源;另一方面,从金融本身对经济作用的过程来看,对于农村居民来说,金融组成部分的三个门槛(人力、资本、投资)都很难跨越,足以证明农民对于金融发展所带来的服务与优势都很难惠及。[②] 解栋栋(2008)从理论基础和实证基础上分析金融发展不均衡对城乡差距的影响,并利用1978—2004年的金融发展指标对两者关系进行建模检验分析,得出的结论是城乡金融发展的不均衡确实是城乡收入差距扩大的原因之一。[③] 陈一婷、陈文新(2010)考虑到新疆的地理位置、政治环境和历史使命的特殊性,选取新疆作为研究对象,通过对1990—2007年新疆城乡收入差距指标与金融发展指标进行建模检验分析,结果得到新疆金融发展水平与金融发展效率的不平衡都会导致城乡差距扩大,而城乡收入差距并不会导致金融发展的不均衡。并且像新疆这样处于中国西部的城市,金融发展是否均衡对于城乡收入的差距存在至关重要的影响,这些影响不仅涉及经济的发展,更与当地社会的稳定有关。[④]

[①] 姚耀军.金融发展、城市化与城乡收入差距——协整分析及其Granger因果检验[J].中国农村观察,2005(2):2—8.

[②] 王忠钦.我国金融发展和城乡收入差距——理论分析、实证检验和政策建议[D].成都:西南财经大学,2006.

[③] 解栋栋,金融发展不平衡与城乡收入差距关系的经验研究[J].世界经济情况,2008(7):55—59.

[④] 陈一婷,陈文新.新疆城乡收入差距和金融发展关系的实证分析[J].科技经济市场,2010(3):65—67.

第三节　农村普惠金融在城乡发展中存在的问题及制度构建研究

一、国外学者的相关研究

小额信贷、微型金融等农村普惠型金融形态在发展中受到许多质疑，盈利性、风险性及可持续性问题是在评价时最有争议的议题。Robinson（2001）指出在过去几十年，一些专门的普惠制金融机构都获得了较好的回报率；相反，Cull，Demirgtic-Kunt and Morduch（2007）通过对 49 个国家的 124 个信贷金融机构进行微型金融绩效研究，发现金融机构覆盖面和财务绩效之间出现失衡，由于乡村银行发放的贷款额度较少并且服务的客户都较为贫困，因此乡村银行的贷款成本很高，对于那些特别贫穷的人来说，从中享受到的金融服务质量并不高。①

从为了更好地发展普惠金融的角度出发，Helms Bright（2006）认为尽管小额信贷已被证明是一个减少贫困和帮助穷人改善生活的有效工具，但是当考虑金融机构对贫困地区居民的服务质量时实在堪忧，因此构建普惠金融体系时不仅要考虑服务于客户的便捷和安全，更要考虑金融机构的稳定性及可靠性，以便于普惠金融更好的开展。② 另外，在金融服务的创新模式上，Coleman（2007）指出小额信贷作为对抗全球贫困的重要工具，随着开发新的资本来源的趋势以及互联网借贷的出现，微型金融越来越多地被建立在互联网这一平台上，这将是未来小额信贷的发展方向。③ 从宏观层次出发，促进普惠金融发展的政策该如何制定呢？Gimet，Lagoarde-Segot（2012）通过分析 2002—2009 年 138 个国家融资借贷的条件，提出为提高金融服务的可获得性，普惠金融政策应该以促进银行间的竞争为重点，而不只是关注银行规模的扩大，同时应发

---

① Cull，Demirgtic-Kunt A，Morduch J. Financial performance and mulreach：A global analysis of leading microbanks [J]. Economic Journal，2007（17）：107-133.
② Helms Bright. Access for All：Building Inclusive Financial Systems [M]，Washington：The World Bank，2006.
③ Coleman Richard. Is The Future of the Microfinance Movement to be Found on the Internet? [A]. BEpress，2007：1096.

展适当的宏观审慎措施促进资本市场的发展。① Buchenau（2003）认为农村地区金融机构在评估借款人是否具有偿还能力时，在评价方法上局限性很大，此时信用评分无法代表小额贷款的申请要素，他在进一步剖析发展中国家农村二元信贷市场基础上，提出政府应为市场竞争创建自由框架，鼓励小额信贷机构的创新，发展包容性金融。②

二、国内学者的相关研究

我国农村普惠金融发展同样存在着可持续性、盈利性不足，以及普惠金融的"三性"特征难以发挥等问题，如何针对这些问题发展我国的普惠金融体系？杨序琴（2007）从"福利主义"角度出发分析得出商业化小额信贷是福利主义和制度主义的一个博弈均衡，可以从微观、中观和宏观构建起一个可持续发展的普惠金融体系，这个体系当中不仅有富人，还可以包含其他弱势和低收入群体。因此普惠制金融体系是社会对于不能平等享受金融权利的低收入群体的一种福利。③ 焦瑾璞（2009）从三个方面构建了普惠制金融的理论框架：一是服务对象的特殊性，主要服务于中小企业、个体工商户、农户等（尤其是其中的低收入群体）；二是金融服务和产品功能的全面性，不仅为客户提供贷款、存款、汇款等传统的金融服务，还为其提供社会保险、政府补贴、养老金等全方面的金融服务；三是金融机构层级的多样性，即在贫困地区各种金融机构都应该存在，不仅有国有银行，还应向外资金融机构开放④。在普惠制金融体系创新方面，杜晓山（2006）通过分析发展中国家和地区（亚洲、拉丁美洲、东欧和中亚，非洲撒哈拉以南地区，中东和北非）的小额信贷的发展趋势，认为可以从微观、中观、宏观三个层面创新普惠制金融体系。⑤ 首先在治理机制上，由于贫困和低收入群体的需求是整个体系的基础，因而体系内金融服务提供者（民间借贷和商业银行等）应直接向这些贫困和低收入群体提供服务（微观层面）；其次是金融基础设施和一系列能实现降低交易成本、扩大服务规模

---

① Gimet, C, Lagoarde–Segot, T. Financial Sector Development and Access to Finance: Dose Size Say It All? [J]. Emerging Market Review, 2012, 13 (3): 316–337.

② Juan Buchenau. Innovations in Rural Finance [A]. Invited Lead Pepar for the International Conference on Best Practice in Rural Finance Washington D. C. 2003.

③ 杨序琴. 小额信贷发展的占优均衡：福利主义宗旨与制度主义机制的有机融合 [J]. 金融理论与践，2007（2）：23–25.

④ 焦瑾璞. 建设中国普惠金融体系 [M]. 北京：中国金融出版社，2009.

⑤ 杜晓山. 小额信贷的发展与普惠性金融体系框架 [J]. 中国农村经济，2006 (8): 70–78.

和深度、提高技能、促进透明化为目标的措施（中观层面）；最后是中央银行以及相关的政府财政机构必须审时度势，因地制宜出台适宜的政策以促进小额信贷的发展（宏观层面）。田杰、刘勇、刘蓉（2014）选取了2006—2010年1743个地区的农村经济增长数据，对信息通信技术水平数据进行固定效应建模分析，并进行稳健性检验，结果显示在信息通信技术水平高的地方，普惠制农村金融会促进经济的增长。① 这表明要发展普惠制农村金融，首先要在农村地区增强信息通讯设施的建设，构建电子化的金融服务，其次要深化农村金融体制改革，最终实现普惠制金融发展并促进经济增长。年志远、马宁（2009）从宏观层面出发，通过分析我国新型农村金融机构制度安排主要有五大特点（切实服务当地三农、注册资本金较低、股东持股比例一定、治理机构设置灵活、监管目标明确）和四大缺陷（准入门槛过低、限制资本投入、忽视债权人权益保护、监管目标不合适），提出完善我国新型农村金融机构制度可以从四方面着手：适当提高准入门槛、鼓励资本投入、保护债权人利益及调整监管。② 向忠德（2012）从中观层面出发，一方面，研究了金融基础设施建设对普惠金融发展的影响，发现两者具有相互促进关系；另一方面，构建了普惠金融法律制度绩效多级综合评价模型，对我国普惠金融法律制度绩效进行实证研究，指出完善金融基础设施建设的法律制度、信用体系、支付结算和金融监管能促进普惠制金融业务的发展。③ 付东升（2012）通过研究农村金融发展的理论基础，以及制约我国农村发展的宏微观制度因素，指出我国农村金融制度创新的最大难点在于农村金融制度与农户经营特点之间的矛盾。因此构建我国农村金融的制度框架，一要设计符合农村经济特点的金融体系，二要建立具有竞争性、可持续发展的农村金融市场体系，三要为农村金融机构产品创新创造外部环境，四要完善农村金融监管体系。④

---

① 田杰，刘勇，刘蓉. 信息通讯技术、金融包容与农村经济增长 [J]. 中南财经政法大学学报，2014（2）：112—118.
② 年志远，马宁. 我国新型农村金融制度安排的缺陷及其完善 [J]. 经济纵横，2009（9）：86—88.
③ 向忠德. 我国普惠金融发展的金融基础 [D]. 长沙：湖南农业大学，2012.
④ 付东升. 中国农村金融发展的制度创新研究 [D]. 长春：吉林大学，2012.

第四节　关于农村普惠金融发展的福利测度问题

一、国外学者的研究

最早对福利进行测算的是现代福利经济学创始人 A. C. Pigou，他将国民收入与福利等价，基本假定是国民收入越多且分配越平均，则社会整体福利越大，这是一种以 GDP、GNP 等传统指标对福利进行测算的思路。① William Nordhaus 和 James Tobin（1972）进一步对 GDP、GNP 进行调整，如在 GNP 中剔除生活不愉快（如环境污染）等项，加上非市场活动（如志愿服务）等项，提出了经济福利测度指标（MEW）②，这种测算方法的中心思想与依据是，福利是与消费而非生产相关联的。

对于农村普惠金融的福利测度主要从供给和需求两方面加以考虑。Honohan（2005）从金融供给方的角度出发，认为包括国内国际汇兑方式、风险转移机制、对贷款者的管理、办理储蓄开户业务人数之比等在内的衡量金融服务渗透性的指标可以很好地描述金融服务的成本以及覆盖面，因此可以将金融服务渗透性作为衡量普惠金融发展的指标。③ Arora（2010）从金融需求方的角度出发，通过对比发达和发展中国家的金融可获得性，认为金融服务的便利程度（开户所需材料以及最低存款额）和成本（支付给银行的各种服务费用）是衡量普惠金融发展的重要因素，这两个维度的局限在于难以测算银行以外的其他金融机构，而且忽略了金融服务的使用情况。④

Sarma 首次构建了衡量普惠金融发展状况的指标 IFI（Index of Financial Inclusion）⑤，该指标包括银行服务的广度（银行开户人口比例）、银行服务的

---

① A. C. Pigou. The Economics of Welfare [M]. London Maomillan, 1929.
② William Nordhaus, James Tobin. Is Growth Obsolete? [A]. Economic Growth [C]. New York Columbia University Press, 1972.
③ Honohan P. Measuring Microfinance Access: Building on Existing Cross-country Data [R]. 2005.
④ Arora R U. Measuring Financial Acess [R]. Griffith University, Discussion Paper in Economics, 2010 (7): 1-21.
⑤ Mandira Srama. Index of Financial Inclusion, Indian Council for Research on International Economic Relations [C]. Working Paper, August 2008.

深度（银行贷款总量/GDP）、银行服务的可获得性（每千人金融机构覆盖率），与前面所提指标相比，这一指标的优势在于从多维度的角度出发综合测算了金融服务水平。Gupte、Venkataramani、Gupta（2012）综合了 Sarma 关于银行服务的广度和深度的研究以及 Arora 关于银行服务便利性、成本性的研究，从渗透性、使用性、便利程度以及交易成本四个方面建立了普惠金融发展指数。[①] Ambarkhane、Singh 和 Venkataramani（2014）通过分析印度多年来在减贫上所做的努力以及普惠制金融的发展状况，认为为了比较不同地区的发展差异，应该建立从供应、需求和基础设施三个维度来全面衡量普惠金融发展的指标。[②] 这些指标还进一步考虑了人口增长、法律秩序和腐败等阻碍普惠金融发展的不良影响因素。

二、国内学者的研究

何强、吕光明（2009）通过分析国外的相关文献，总结出三种主要的有关福利测度的方法[③]，一是基于国民经济核算体系及其扩展的单一指标测度方法，这种方法主要是通过权威的经济核算体系衡量福利效应，主要包括四类指标（GDP、GNP 等传统指标、经济福利测度指标、可持续经济福利指标、真实发展指标）；二是基于生活质量和社会发展的指数测度方法，该方法主要衡量生活质量状况，包括六类指数（加权的社会发展指数、物质生活质量指数、社会健康指数、生活质量指数、经济福利指数、幸福星球指数和环境友好型幸福国家指数）；三是基于生活满意度的测度方法，该种测度主要基于个人主观感受，包括五类做法（直接询问法、经验样取法、昨日重组法、u 指数法、脑成像法）。

国内学者对农村普惠金融促进城乡统筹发展的福利进行定量评测的研究相对较少，部分学者通过借鉴国外关于福利的测度方法和核算普惠金融发展的指标体系，主要研究的是普惠金融在我国的发展程度。焦瑾璞等（2015）对我国普惠金融发展水平进行了实证分析与评估，首先从金融服务的可获得性、服务质量、使用情况三个维度，建立了包括 19 个指标的普惠金融指标体系，并使

---

① Gupte R，B Venkataramani and D Gupta. Computation of Financial Inclusion index for India [J]. Procedia-Social and Behavioral Sciences，2012（37）：133—149.

② Ambarkhane D，A S Singh and B Venkataramani. Developing a Comprehensive Financial Inclusion Index [R]. Available at SSRN 2485776，2014.

③ 何强，吕光明. 福利测度方法的研究述评 [J]. 财经问题研究，2009（7）：31—36.

用层次分析法确定权重，然后基于各省数据计算 2013 年中国普惠金融发展指数，结果显示，上海、北京、天津的普惠金融发展指数处于领先地位；而西藏、青海等地区排名靠后。① 杜朝运、李滨（2015）则对普惠金融程度进行测算，选取了全国各省市 2012 年 12 个与普惠金融有关的具有代表性的金融指标，进行 spss 因子分析，得到了各省金融普惠程度得分及排名，排名显示，几个经济较强的东部省份（上海、北京、天津、广东）排名靠前，多数中西部省份（内蒙古、青海、西藏等）排名靠后，反映了我国各地区普惠金融程度的差距。② 罗斯丹、陈晓（2015）从金融服务的供给、需求、基础设施和制约因素四个角度出发，建立了包含保险深度、小额贷款、公司贷款余额比等 20 个指标的普惠金融发展指数，进一步测度不同指标体系下我国各省市的普惠金融发展水平，结果显示，从整体来看，东部地区普惠金融发展水平高，东北地区除辽宁省外水平较低，而西部整个地区普惠金融发展水平低；从各地区来看，天津市普惠金融发展指数值相对最高，且在各个维度都具有优势；山西省的普惠金融排序居中，但人均 GDP 排名靠后；内蒙古自治区的普惠金融排名靠后，但是人均 GDP 排名靠前；青海省金融需求高，但是金融服务供给和基础设施水平低，因此表现出供需矛盾突出；湖南省在供给和基础设施两方面的指数高，但是金融服务的有效需求不足，也存在供需失衡。③ 可以看出，这些测度都从不同角度反映了我国普惠金融的发展现状，为我国如何根据地区差异发展普惠金融提供了理论依据。

第五节　对国内外研究的简要评价

首先，国内外文献在本课题研究主题上的贡献和有益启示，体现在四个方面：第一，比较深刻地剖析了城乡二元经济结构和二元金融结构中农村金融市场的特征和问题，一定程度上解释了农村普惠金融发展不足的现象即金融排斥问题及其重要原因，为我们克服我国农村金融制度的缺陷，实施制度创新以促

---

① 焦瑾璞，黄亭亭，汪天都，张韶华，王玙. 中国普惠金融发展进程及实证研究 [J]. 上海金融，2015（4）：12—22.

② 杜朝运，李滨. 基于省际数据的我国普惠金融发展测度 [J]. 区域金融研究，2015（3）：4—8.

③ 罗斯丹，陈晓. 基于普惠金融综合指数的我国区域普惠金融发展水平测度 [J]. 长春师范大学学报，2015.10（34）：10—16.

第二章 农村普惠金融与城乡发展关系的理论综述

进我国城乡统筹发展奠定了理论基础；第二，对以小额信贷及其他微型金融为代表的普惠金融形态进行了比较充分的理论剖析和实证检验，证实了其在缓解贫困、促进低收入群体信贷方面存在着正效应，也指出了其发展中的缺陷及挑战，那就是可持续性问题、覆盖面及风险控制问题。这些理论为我国发展以新型农村金融机构为主体的普惠金融形态提供了有益的借鉴；第三，从指标体系构建及测算方法上为普惠金融福利效应的测度提供了借鉴。可以看到，各类文献对普惠金融进行测算的指标体系及角度各不相同，因此追求一种统一的绝对值结果是非常困难的，但是如何构建维度并测算相对值，为本书提供了借鉴；第四，在制度层面上为如何发展普惠金融提供了一些较好的政策支撑。

其次，国内外相关理论在研究内容方面还存在拾遗补缺的必要，那就是有必要专门测度一下我国农村普惠金融发展水平，而不是仅仅停留在对金融、普惠金融测度的层面上；继而还要弄清楚农村普惠金融发展能不能提升城乡一体化发展的福利，这种作用机理及福利效应如何测度，如何针对存在的问题实施制度创新。这就需要在现有的二元经济及二元金融结构理论基础上进一步分析农村普惠金融统筹城乡一体化发展的内在机制，在农村普惠金融测度的基础上进一步测算其对城乡居民产生的福利效应。应该说，纵观国内外文献，真正将农村普惠制金融与城乡统筹发展结合起来进行定量研究的文献并不多见。近年来国内学者重点研究了金融发展与城乡收入差距问题，但没纳入金融发展的异质性与层次性。农村普惠制金融与城乡统筹发展间关系如何？如何测度普惠制金融在城乡统筹发展中的有效供给及福利效应？如何实施有针对性的制度创新和整体制度设计？这是目前以及将来研究普惠制金融制度发展的重要方向，也是本书研究的重要内容体系。

第三章　普惠金融提升城乡发展福利的国际经验及启示

当今世界，只有极少数国家实现了城乡统筹，基本上没有农村和城市的差别，如欧洲的英国、德国、法国等，美国，以及亚洲的日本和韩国，而大约占全世界人口80%以上的绝大多数国家依然存在着城乡差别，如何做好城乡统筹、促进城乡一体化发展也就成为这些发展中国家共同面临的重大现实课题。以下我们选择三类国家作为重点比较对象，以考察其城乡统筹发展及普惠金融发展，以及通过普惠金融发展提升城乡发展福利的情况。一类是发达的欧美国家，如美国在城乡统筹发展方面是最成功的国家，英国则是最早开始推进城市化的国家，遭遇过绝大多数国家碰到的农村衰落、城市繁荣的问题；第二类是发达的亚洲国家，这些国家与中国在地缘结构上有些类似，如日本、韩国同属于亚洲国家，先天条件不太好，但农业现代化在亚洲领先；第三类是不发达的国家，如印度与巴西。印度与中国同为人口大国及农业大国，与中国最相似。对这三类国家分别分析其城乡统筹情况及普惠金融发展情况，分析两者的相关性，以及普惠金融发展是如何提升城乡统筹发展的社会福利的，目的是为我国提供有益的借鉴。

第一节　典型国家的城乡统筹与普惠金融发展

有代表性的发达国家如美国、英国、德国、日本、韩国，以及一些典型发展中国家如中国、巴西、印度的城乡统筹发展情况见表3-1。在列出的几个典型发达国家中，农村人口基本上下降到了20%以下，农业就业率下降到了7%及以下，城市化率达到80%以上，基本上实现了城乡一体化。在这个过程中，这些发达国家基本上都经历了类似的过程：大约20世纪初期或中期开始，逐步走上工业反哺农业、城乡协调发展的道路；到20世纪70—80年代，人均

第三章 普惠金融提升城乡发展福利的国际经验及启示

GDP都超过了1万美元,城市化水平迅速提升,城乡差别基本消失。目前,在这些已经实现城乡统筹的国家里,城乡之间要素实现了双向流动、共享、互补和合理配置,城乡规划布局、产业分工、基础设施服务功能、社会事业,以及就业、教育、卫生和社会保障基本上实现了一体化。

各国实现城乡统筹的模式也都不一样,如发达欧美国家实现的是工业化、城市化模式,以美国的"郊区化——一体化"模式、英国的"田园城市"模式以及德国的"均衡等值一体化"模式为代表;东亚国家实施的是政府主导型市场经济模式,以日本政府主导的市政町合并、韩国政府主导的"新村运动"为代表。尤其值得注意的是,东亚的农村改革基本上是成功的,从工业化初期到中后期,城市化进程相当迅速,只用了几十年的时间,似乎显示出由规模极小的自耕农家庭农场组成的农业结构极富生命力和效率,与此国情类似的中国值得借鉴。

在列出的三个发展中国家中,巴西虽然城市化率较高,但贫富差距和城乡差距仍然较大;印度与中国在农村人口比例、农业产值在三次产业中的构成以及城乡关系方面,具有一定相似性,也体现出较大的城乡差距。

表3-1 世界代表型国家城乡统筹基本情况

国别	农村人口/总人口(2015)	农业就业/总就业(2015)	城乡一体化实现时间	城乡差距(2015)	城市化率(2015)	城乡统筹模式	人均GDP(美元)(2015)	人均耕地(公顷/万人)
美国	17%	2%	20世纪中期	无	82%	工业化、城市化主导的郊区化模式	51248	4.40(20世纪初期)
英国	20%	1%	19世纪末	无	90%	工业化、城市化主导的田园城市模式	38002	0.34(19世纪初期)
德国	26%	2%	第二次世界大战后	无	90%	工业化、城市化主导的城乡均衡等值一体化	44010	0.14(20世纪初期)
日本	8%	4%	20世纪70年代	无	81%	政府主导下的市町村大合并等市场经济模式	40442	0.06(20世纪中前期)

续表

国别	农村人口/总人口（2015）	农业就业/总就业（2015）	城乡一体化实现时间	城乡差距（2015）	城市化率（2015）	城乡统筹模式	人均GDP（美元）（2015）	人均耕地（公顷/万人）
韩国	17%	7%	20世纪80年代	无	81%	政府主导下的新村运动等市场经济模式	25051	0.13（20世纪中后期）
印度	68%	47%	没实现	大，贫困人口占总人口的21.9%	29%	/	1592	0.17（1999年）
巴西	15%	15%	没实现	大，贫富差距曾达46倍以上（1998）	86%	/	12291	2（20世纪初期）
中国	43.9%	28.3%	没实现	城乡收入比约2.95∶1	56.1%	/	6629	0.098（2015年）

注：根据IMF、世界银行官方网站及《中国统计年鉴》（2016）中的相关数据整理得到。

从实现了城乡统筹发展的国家看，发展普惠金融，促进城乡金融资源的均衡分布与利用非常重要。这里还是选取上述已经实现了城乡统筹的欧美发达国家地美国、英国、德国，亚洲国家如韩国与日本，以及正努力促进城乡统筹发展的发展中国家巴西与印度，比较其通过发展普惠金融以提升统筹城乡一体化福利的经验和教训，为我国提供借鉴。通过对2014年这些国家普惠金融发展指标的列举及数据的统计整理，我们得到了表3－2。

表3－2 2014年世界典型国家普惠金融发展情况　　　　　　　单位：%

	美国	英国	德国	日本	韩国	印度	巴西	中国
拥有金融机构账户								
所有成人	93.6	98.9	98.8	96.6	94.4	53.1	68.1	78.9
所有成人（2011）	88.0	97.2	98.1	96.4	93.0	35.2	55.9	63.8
妇女	94.8	98.7	99.4	97.0	93.1	43.1	64.8	76.4
最穷的40%的成人	87.1	98.3	97.1	95.4	92.4	43.9	58.5	72.0

续表

	美国	英国	德国	日本	韩国	印度	巴西	中国
15~24岁青年成人	87.6	90.8	93.7	81.5	86.1	43.2	52.6	74.2
生活在农村的成人	93.2	99.4	98.8	96.4	92.9	50.1	63.0	74.3
金融服务可获得性								
拥有借记卡	76.2	96.4	92.0	88.1	66.8	22.1	59.2	48.6
拥有借记卡（2011）	71.8	87.6	88.0	13.0	57.9	8.4	41.2	41.0
ATM为主要取款方式						33.1	75.4	51.2
ATM为主要取款（2011）	55.0	70.1	79.2	83.2	77.0	18.4	57.5	33.4
过去一年其他数字支付方式								
使用借记卡支付	67.1	91.8	79.2	39.3	56.1	10.7	41.7	17.3
使用贷记卡支付	57.1	55.3	36.4	52.1	53.9	3.4	28.3	13.8
网上支付与购物	64.7	72.8	56.4	36.1	52.5	1.2	8.8	19.2
过去一年的储蓄								
金融机构储蓄	54.1	52.3	57.9	60.4	52.7	14.4	12.3	41.2
金融机构储蓄（2011）	50.4	43.8	55.9	51.3	46.9	11.6	10.3	32.1
过去一年贷款情况								
从金融机构借款	23.3	21.1	18.6	7.9	18.2	6.4	11.9	9.6
从金融机构借款（2011）	20.1	11.8	12.5	6.1	16.6	7.7	6.3	7.3
向家庭或朋友借款	19.8	12.6	9.8	6.0	17.1	32.3	5.9	25.1
向非正规贷款人借款	1.4	2.6	0.2	0.3	0.7	12.6	1.1	1.1
在金融机构的按揭贷款	31.8	29.0	21.1	19.1	18.9	3.7	10.5	8.5

注：①表中数据为15岁以上成人占该国成人总数的比例；②数据来源：世界银行网站http://datatopics.worldbank.org/financialinclusion/country/.

表3-2通过对15岁以上成人的调查统计计算，得出了如下结论：第一，在拥有金融机构账户，对穷人及农村人口金融服务覆盖率，借、贷记卡的使用，网上支付与购物，金融机构储蓄，金融机构信贷及抵押贷款等方面，发达的英、美、德、日、韩等国要普遍高于发展中国家印度、巴西、中国；第二，通过这些指标来比较发展中国家印度、巴西及中国，中国的情况要相对好一些。从表3-1及表3-2的对比情况看，实现了城乡城乡统筹的国家，其普惠

金融发展程度也要相对较高。

以上是15岁以上成人金融服务的使用情况。再从金融服务广度及深度看。目前衡量普惠金融体系主要针对的是银行服务，2015年（括号里还包括了2012年数据）我国与世界上一些代表性国家在金融地理渗透和人口渗透方面的比较分析见表3-3。其中，地理渗透性指标有每千平方公里商业银行分支数、每千平方公里信用合作社分支数和每千平方公里ATM数；人口渗透性指标是每十万人商业银行分支数、每十万人信用合作社分支数和每十万人ATM数。选取对象国的依据为经济发展水平，选取五个发达经济体：加拿大、美国、英国、韩国和日本。其他为欠发达国家，主要有"金砖五国"：俄罗斯、巴西、印度、南非和中国。另外两个为普惠金融发展模式的引导者：孟加拉国和印度尼西亚。

表3-3 2015（2012）年我国与世界各国金融地理渗透和人口渗透比较分析表

单位：家、台

国别	地理渗透性			人口渗透性		
	每千平方公里商业银行分支数	每千平方公里信用合作社分支数	每千平方公里ATM数	每十万人商业银行分支数	每十万人信用合作社分支数	每十万人ATM数
加拿大	0.78 (0.78)	0.39 (0.43)	7.31 (6.50)	23.62 (24.44)	11.84 (13.47)	221 (204.8)
美国	9.36 (9.60)	3.33 (3.42)	46.46 (2009年)	32.87 (35.26)	11.69 (12.58)	173 (2009年)
英国	54.95 (51.86)	—	291.32 (266.1)	25.19 (24.23)	—	132 (124.30)
韩国	75.60 (80.36)	78.13 (82.29)	1244.99	16.92 (18.41)	17.49 (18.85)	278.73
日本	103.6	—	387.35	34.14	—	127.64
俄罗斯	2.41 (2.83)	—	12.67 (13.49)	32.88 (38.22)	—	173 (182.00)
巴西	3.96 (8.24)	0.76 (0.19)	21.82 (20.68)	20.66 (47.26)	3.99 (1.07)	114 (118.60)
印度	42.54 (33.17)	72.38 (71.50)	61.88 (32.67)	13.55 (11.38)	23.05 (24.54)	19.70 (11.21)
南非	3.37 (3.04)	—	22.21 (17.50)	10.5 (10.42)	—	69.30 (59.93)

续表

国别	地理渗透性			人口渗透性		
	每千平方公里商业银行分支数	每千平方公里信用合作社分支数	每千平方公里ATM数	每十万人商业银行分支数	每十万人信用合作社分支数	每十万人ATM数
印度尼西亚	18.26 (9.24)	—	54.81 (35.15)	17.76 (9.59)	—	53.30 (36.47)
孟加拉国	73.04 (64.72)	1452.10 (1,417.3)	59.23 (40.32)	8.37 (8.08)	166.40 (176.8)	6.79 (5.03)
中国	10.21 (9.17)	4.59 (6.55)	92.32 (44.55)	8.45 (7.72)	3.80 (5.52)	76.37 (37.50)

注：①数据来源：http://datatopics.worldbank.org/financialinclusion/country/；②括号里没标明年份的为2012年的数据。

由表3-3比较分析得，国际上具有代表性的11个国家和中国的金融机构在地理渗透和人口渗透两个维度六个指标方面的数据各不相同，有的相差甚远。与发达国家相比，我国金融机构无论是在地理渗透性还是在人口渗透性上都存在较大差距，特别是在人口渗透性方面。

从地理渗透性角度分析，2015年中国每千平方公里商业银行分支数（10.21）要远远低于英国（54.95）及同为亚洲的邻国日本（103.6）与韩国（75.6），也低于同为发展中国家的印度（42.54）、印尼（18.26）及孟加拉国（73.04）；每千平方公里信用合作社分支数对比2012年有所减少，远低于韩国、印度及孟加拉国；而每千平方公里ATM数几乎在三年里翻了一倍多，高于除了日本、韩国之外的其他国家。

从人口渗透性角度分析，2015年中国每十万人商业银行分支数（8.45）较2012年小幅增加，但除了略高于孟加拉国之外，远低于其他各国（尤其是发达国家）；每十万人信用合作社分支数（3.8）则表现为最少，对比2012年也显著减少；每十万人ATM数对比2012年番了一倍多，高于发展中国家孟加拉国、印度、南非、印尼，但仍然远低于其他发达国家。

比较分析"金砖五国"，发现中国能体现普惠金融发展水平的两个维度六个指标均处于中等排名，如每千平方公里商业银行分支机构数排名第二（10.21），低于印度（42.54）；每千平方公里信用合作社分支机构数也排在印度后面；每千平方公里ATM机数排名第一（92.32），印度（61.88）排名第二；每十万人拥有的商业银行分支机构数（8.45）排名第五；每十万人拥有的信用合作分支机构数（3.8）也基本上排在最后，印度（23.05）排名居前；每十万人拥有 ATM 机数（76.37）排名第三，略高于南非（69.3）。通过比较分析"金砖五国"的银行及信用合作社等金融机构的地理渗透性和人口渗透性方面的指标，发现除了 ATM 指标反映出一定的规模和实力外，其他指标暴露了发展的短板，尤其是在人口渗透性方面，与国际上的一些国家相比存在很大的差距，也验证了我国普惠金融发展在国际上仍处于较低水平。

此外，与不断探索普惠金融发展模式的孟加拉国和印度尼西亚相比，中国普惠金融发展水平与印度尼西亚更加接近，在商业银行和信用合作社的地理渗透性和人口渗透性方面，中国与孟加拉国相距甚远，在 ATM 的地理渗透性和人口渗透性方面则略显规模。究其原因，可能与中国最近几年大力投放 ATM 机具有关。

仅仅分析金融机构的渗透性还不能完全说明问题，还必须分析金融资源的实际使用情况，使用情况指标有每千人的银行存款户数和银行贷款户数。如图 3-1 所示。

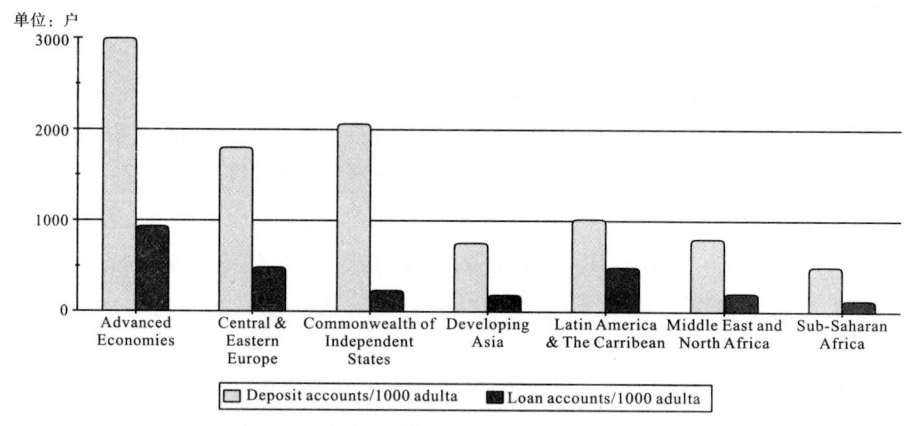

图 3-1　2015 年世界不同地区存贷款情况

资料来源：http://data.worldbank.org.cn.

图 3-1 显示，从 2015 年世界不同发展经济体的每千人存款额和每千人贷款额看，新兴经济体的两个指标均不高。从每千人存款额情况看，中国所在的亚洲新兴经济体仅仅略高于非洲撒哈拉沙漠以南地区，与中东北非接近，不及发达经济体的三分之一，与其相距甚远；从每千人贷款额度方面看，虽然整体情况不及存款情况，但亚洲新兴经济体的贷款情况仍只能与非洲撒哈拉沙漠以南地区、中东及北非相比，不及拉美。中国作为亚洲新兴经济体中的大国，使用情况可想而知，在对金融资源的使用效率及规模方面不及很多国家。

第二节 典型国家普惠金融提升城乡统筹发展福利的模式

一、欧美发达国家：商业化的普惠金融统筹城乡发展

在欧美发达国家中，美国、英国以及德国是典型的城乡一体化国家，这些国家的商业金融很发达，普惠金融也有一定规模，具有追求商业化和可持续发展的趋势。从具体表现看，各国又各具特色。

（一）美国：复合信用型普惠金融助推"郊区化"模式

美国用了大约30年时间于20世纪中期就实现了城乡一体化。目前，美国已没有传统意义上的乡村，2014年人均GDP为53101美元，城市化率已经超过了90%。美国实现城乡一体化的典型城市如洛杉矶、休斯敦，在这些大都市周围100多公里内，很难分清城市和乡村的界限。最新研究报告认为，美国的这些大都市外围产业链上的村镇居民"幸福指标"甚至高于市内居民；中产阶级家庭沿着产业链向郊外扩展，传统城乡结合部的工作环境和生活质量好于市中心。

美国发展普惠金融支持城乡统筹发展的模式可以概括为复合信用型普惠金融助推"郊区化——一体化"模式，这种复合信用型普惠金融体系具体体现为政府主导的农村政策性金融体系、农村合作金融体系及大量的社区银行，并具备了商业化发展趋向；而所谓郊区化，则是指战后初期与20世纪50—60年代，美国郊区人口呈爆炸式发展，70年代以后郊区人口分别超过中心城市和农村人口，美国成为一个先郊区化后城乡一体化的国家。

首先，美国根据《农业信贷法》建立了一个分工合理、相互配合的真正的普惠型金融体系，这个体系由农民家计局、农村电气化管理局、商品信贷公司和小企业管理局及大量的社区银行组成。农民家计局旨在帮助贫困地区和低收入的农民解决资金短缺问题；成立于1933年的商品信贷公司（Commmodity Credit Corporation）专门发放农产品抵押贷款、仓储干燥和其他处理设备贷款、灾害补贴和差价补贴等；成立于1935年的农村电气化管理局，其主要职责是对农村电业合作社和农场等借款人发放贷款从而提高农村电气化水平；小

企业管理局（Small Business Administration）则专门为不能从其他正常渠道获得充足资金的小企业提供融资帮助。其次是合作金融体系，联邦中期信用银行、合作银行、联邦土地银行及土地银行合作社三大系统组成美国农村合作金融，为解决农民及农场主中短期贷款难的问题，给合作社添置设备、补充营运资金、购入商品等提供贷款做出了贡献。最后，还有大量的社区银行。越是不发达的州，社区银行、小微金融占比反而越高。正是社区银行的存在，使得美国 90% 左右的商业银行都经营农贷业务。

美国这种复合信用型普惠金融制对城乡统筹所起到的作用在于推进了农村地区效区化进程。主要特点包括：①普惠金融的供需主体满足商业化可持续性条件。美国农业比较利益较高，农场主的贷款条件能满足金融机构的要求，使得商业金融有利可图。美国直接设在小城镇的商业银行有 4000 多家，其农业贷款比重一般都在 50% 以上。②作为对商业化普惠金融的有力补充，大量的社区银行及政府资金通过对低收入群体的金融支持，实现了城乡统一的社会福利。社区银行是普惠金融的主导模式，其特点是社区银行资产规模普遍较小，银行资本来源多样化，以社区居民特别是弱势居民为目标客户。③普惠金融支持促进了城乡的有效融合。平衡工业与农业、城市与农村之间的资金资源，在促进了农业发展规模化的同时，也实现了工业、交通和服务业对农业的反哺，使释放出的劳动力顺利转移到城镇。

（二）英国：商业银行积极介入普惠金融引导区位化发展

第二次世界大战后，英国花了近 15 年的时间，扭转了农业衰退的局面，英国由轻视农业转为重视农业，逐步实现了农业现代化。2013 年英国农村人口占总人口比重为 20%，但农业就业人口仅占总人口的 1%[①]，这个比例在所有发达国家中是最低的。英国的城市化运动开展于工业革命之后，作为世界上最早发展城乡一体化的国家，20 世纪时英国的城市化水平就已经达到了 90%，城市化程度居发达国家前列。

英国普惠金融支持城乡统筹的模式是，商业化的金融机构积极介入普惠金融业务引导区位化发展。英国的农业金融制度从整体上看属于商业银行型农业金融制度，即农业相关的信贷资金均来自各大商业银行，而不是专门的一些农业金融机构。这使得其合作金融不发达。英国商业银行的分支机构遍布各地，这些商业银行利用网点分布广泛的特点，向农户开展短期无抵押贷款业务，满

---

① 见世界银行网站 http://data.worldbank.org.cn，以下德国的数据也同于此。

足了那些对资金有需求却无法提供担保的农场主的要求。同时，政府部门为降低商业银行的贷款风险，设立了农村信贷联合会，包括农业抵押公司、农业信贷公司，以及农业贷款基金会等分支机构，以低于商业银行的利率向农场主提供长期贷款。针对低收入人群，政府推出创新性改革措施，帮助他们得到最基本的金融服务，如重点支持信用社的发展，将信用社当做低收入人群获得低息贷款的一个重要来源。

英国商业化金融建立起了大城市和小城市相容的局面，引导城市人口回流到乡村，主要特点是：(1) 商业银行对中小企业融资较重视，利于带动就业。对于那些有商业前景的中小企业，对于一定额度内的贷款，商业银行提供担保，使其获得资金支持，吸引人口从拥挤的城市流出。(2) 商业银行开始加大对农村地区的投入。英国大商业银行已深入农村建立分支机构，用无抵押透支的形式，向农民发放短期贷款，近年来这种贷款有向中、长期贷款发展的趋势。所以，英国的商业银行在城乡统筹发展中提供了可持续的商业化普惠金融模式。

(三) 德国：不同类但等值的金融均衡发展战略促进城乡融合

德国作为工业化水平较高的国家，其城市化水平达到了 90%，目前德国农村人口占总人口的 26%，但农业就业只占总就业人数的 2% 左右。在发展过程中逐渐形成了城乡布局合理、社会保障统一、农业实现现代化的城乡统筹发展格局。

德国采用的不同类但等值的金融均衡发展战略，在商业化倾向中体现了普惠金融的思想。在德国的普惠金融体系中，合作型的金融机构为主体，其他的政策性金融机构，商业银行，私营借贷机构等作为补充。德国合作性的金融机构主要由自下而上的基层合作银行、地区合作银行以及中央合作银行三个层级组成。三者相互独立，没有隶属关系，自下而上入股，成为会员。其中，基层合作银行所面对的是农民、城市居民以及一些小微企业。银行将入股得到的资金投放于农业、农民、农村经济以及一些小微企业的发展中。

德国商业化的"等值"性的合作性金融机构在农村地区作为最重要的机构，促进了城乡融合与发展，表现在：(1) 能平等地向农民提供可持续的金融服务。对农村的机械化、信息化以及技术推广提供大量资金，保障农业技术的不断进步及农业规模化的实现。(2) 因地制宜扶持企业，带动就业。对于各地不同特色的乡镇企业，合作性的金融机构通过向其融资，扶持其发展，以带动附近的人口就业，同时增加收入，实现城乡均衡发展的目标。(3) 小额信贷取得成功。信用合作社成为19世纪和20世纪的主流,其中最典型的当属德国的雷发巽(Raiffeisen)信贷合作社。德国的信用社在1909年达到13000个,社员达到百万人,这一时期德国的小额信贷取得了较大成功,很大程度上替代了高利贷,也弥补了私人银行的不足。

二、亚洲日韩：农协贯彻合作型普惠金融助推城乡统筹发展

亚洲国家中实现城乡统筹的有韩国和日本,其与中国在地缘结构上有些类似：先天条件不太好,曾为传统小农国家,人均耕地面积小等,但目前农业现代化在亚洲领先,农业生产率迅速提高。尽管目前这些地区仍面临着小规模经营问题,以及因农业的保护导致粮食生产成本压力增加,但土地制度变革所释放出来的生产力提高仍然带来了农民就业的增加、生产积极性的提高,以及社会的稳定发展,这种效应超过了规模经济不足带来的损失。日本与韩国在城乡统筹发展中存在一个类似的现象,那就是依托农协贯彻了合作普惠金融精神。

(一) 日本：农协的合作金融贯彻普惠精神

日本经过近百年艰苦曲折的探索,于20世纪70年代实现了城乡一体化,目前人均GDP为38410美元,城市化率为81%。[1] 1953年,日本农民人均收入与城镇工人相比仅占17.9%,到了1975年,城镇工人平均收入仅为农民收入的72.9%。[2] 目前在农村地区,农业户口与非农业户口混合的现象比较普遍。按照人口和国土比例,日本的人口密度约为中国的3倍,且其国土山地多平原少。但日本不仅实现了城乡共同富裕和高度城市化,还发展了农业,确保了大米完全自给和大部分蔬菜自给。

在城乡一体化过程中,日本于1947年颁布的《农业协同组合法》确定了农协的特殊地位。1950年,全国范围内成立的农协达到4000多个,99%以上的农民都加入了农协组织。日本普惠金融体系是以农协为核心的合作金融体系。日本政府按照《农业协同组合法》构建了一个较为完整的合作金融体系,在这个体系中,从上至下逐渐划分为三个层级,依次为：农林中央金库、信用农业协同组成的联合会以及基层农协,三者分工明确,相互协调。作为最底层

---

[1] 莫壮才. 对日本农业政策与农业政策性金融的思考[J]. 农业发展与金融,2008 (11)：57-60.

[2] 田思明. 新农村建设：背景、成效、问题及启示——中日韩的比较研究[J]. 中国农史,2007 (05)：39-42.

的农协，其会员就是广大的农户，给以农户各种服务（生产指导、集中采购、统一销售），同时给入股的资金需求方发放不需要担保的贷款。中间一级的信用联合会则是由本地区的各基层农协组织构成，其主要职责是将各基层农协所上存的资金，进行适当的调拨，使得本地区最需要资金的行业能够获得比较及时的贷款。

依托农协的日本合作性的普惠金融作为中坚力量改善了农村面貌，实现了城乡一体化。具体而言有：（1）农协在统筹城乡发展中发挥了信用、保险服务职能。农协的金融机构提供吸收社员存款、优惠贷款给社员的信用服务及防备意外灾害的保险服务，支持农村发展，保障了农民的收入实现。（2）农协组织将会员中所剩余的资金投放到需要资金的会员企业手中，使其通过对农民进行业务培训，以提高他们在农业、工业和服务业的产出效率。

（二）韩国：农协成为实施普惠金融的准金融机构

第二次世界大战后，针对工农失衡的困境，韩国政府于1970年启动了"新村运动"，走出了一条由政府推进主导的、扩散型的农村工业化道路。通过促进农村社会发展、加快农村经济发展以及实施农村工业区计划等"新村运动"，韩国于20世纪80年代实现了城乡统筹发展。2004年人均GDP已经达到14000美元，城乡居民收入差距缩小到1：0.84，2000年城市率就高达89%。[①]

同日本比较类似，韩国的农协成为实施普惠金融的载体。1961年在政府主导下，韩国成立了全国性农民组织即农协。农协可以向农民提供信贷和保险，为农民致富提供资金保障，为农村投资建设提供了资金支持。20世纪60年代中期，由农协提供的生产资金中，70%来自政府的财政资金或金融资金，而到70年代中期，这一比重下降到25%，农协的资金随之增加。农协的信用资金主要来源于农民储蓄。农协的普惠金融事业分为两个部分：一是农协银行，以城市为中心，向下延伸建立分支机构，2010年末存款规模为123万亿韩元；二是具有合作机制的"合作金融"，以基层农协为重心。2010年末合作金融存款余额195万亿，贷款余额134万亿，存贷比68.7%，农村过剩资金再由中央会合作金融部运营，2010年末中央会合作金融资产有65万亿韩元。[②]

---

① 栗惠民，莫壮才. 国外城乡统筹发展理论与实践探索［J］. 海南金融，2011年（6）：24—26.
② 杨团，孙炳耀，石远成. 韩国农协2012考察报告及对中国三农启示［N］，新浪农业，http://www.sina.com.cn. 2012—09—05.

农协金融机构还承担着政府的政策性金融业务。政府对农业、农村、农民的资金支援，基本上都借助农协金融平台，自上而下地运作。政府还长期给予农协以特殊优惠利率的政策贷款。

农协的金融组织在农村金融业中占据着重要的位置。将金融服务与农民组织结合起来，是韩国农协发展最重要的里程碑。可以说，正是凭借韩国农协以合作金融为本质、依托政府的普惠金融体系，辅之以"新村运动"，韩国城乡才得以加速融合。

三、发展中国家发展普惠金融谋求城乡统筹发展福利的实践

（一）巴西：普惠金融顶层设计有效减小"贫民窟"现象

巴西是世界上少数适宜农、林、牧、渔业全面发展的国家之一，被誉为"21世纪世界粮仓"，经济已跃升为世界第七大经济体。1950—1980年的30年间，巴西在城市化方面作了艰辛努力，城市化水平从36.2%上升到67.6%。就城市化而言，巴西用了30年时间完成了发达国家大约要用50年才能完成的事业。然而，在巴西的城市化进程中，大量农村剩余劳动力涌进城市后找不到工作，沦为城市剩余劳动力，1998年，巴西的失业率达到两位数以上，贫富收入差距则在46倍以上。巴西产生城乡差距及贫富差距的原因是多方面的，如土地改革不公导致农村剩余劳动力沦为城市剩余劳动力；基本公共服务政策忽视了低收入群体尤其是农民的基本利益和权益，等等。

最近10年来，巴西通过大力推进普惠金融制度，有效地减小了"贫民窟"现象，城乡差距得到缓解。20世纪90年代以来，巴西中央银行与巴西财政部、社会发展部等部门在普惠金融制度框架建设，发展小微金融等方面开展了广泛的合作。经验包括：①在推进普惠金融方面十分注重金融创新，一个典型例子是推广代理银行业务模式。巴西允许代理银行在更大的范围以更多的形式提供金融服务。巴西各大城市的零售商店、邮局、彩票销售点成为银行分支机构的补充。另一个是"农业信贷票据"，这是一种方便农业生产的远期融资债券，通过发债，可以使农民及农业生产企业提前获得相应的生产资金。②实施小额信贷加大对中小企业的扶持和培育。2011年，巴西政府拿出2%的银行强制性存款资金，实施小额信贷计划。此类贷款手续简单，无需抵押或担保，年利率仅为8%，远低于市场商业信贷利率，为全国340万个小型企业和创业者提供了投资和周转资金上的信贷支持。③树立"平民银行"理念。针对贫富差

距较大的国情,巴西众多银行以"平民银行"理念来发展运作。一是"平民银行"面向社区,主要为那些居住在没有主流银行的城镇中的居民提供服务。二是"平民银行"针对当地的经济发展状况,开展各种小额贷款业务,还致力于低收入家庭儿童、年轻人和成年人的教育事业。三是"平民银行"提供贴近百姓经济状况的各类消费贷款,并以方便的刷卡消费推动了巴西信用卡的快速发展,带动了国内消费的繁荣。以上措施,使得2002—2010年期间,巴西的贫困人口从5000万减少了50.64%,基尼系数连续10年下降,实现了人均收入的稳定增长和经济的持续发展,一大半的人口变成中产阶级。目前巴西1.86亿人中只有不到三千万人口没有进入中产阶级,只占人口比重15%以下。[1]

(二)印度:明确的普惠金融发展政策但统筹城乡效果待提升

中国、印度两个发展中国家,经济改革都取得了令世人瞩目的成就。但在经济增长的同时,社会结构也发生了变化,都面临着贫富差距及城乡差距扩大的问题。2013年,印度农村人口占总人口的比重为68%,农业就业占总就业的47%,中国这一数据为48%和35%。印度城乡差距及贫富差距较大的原因在于种姓制度与教育的两极分化;过度城市化带来社会问题;城市化质量及城市管理运行效果差;劳动力市场僵化,政府公共服务效率低下;社会保障、医疗服务、义务教育等实际供给水平不高。

现在印度制订了一些明确的普惠金融发展政策措施。印度储备银行(BRI)作为中央银行,通过各种措施来提高特定目标人群对金融机构及其服务产品的了解,为普惠制金融的发展奠定基础,包括:①推进金融知识普及教育,提高中低收入群体的金融需求。RBI启动了"金融教育普及工程"(Project Financial Literacy),在各邦建立了154个咨询辅导中心提供免费的金融教育,针对不同目标群体普遍传播中央银行和商业银行知识。②发起设立"普惠金融100%实施县"活动,并定期对实施普惠金融中信息技术的杠杆作用以及参加活动各县的金融普惠程度进行评估。③银行积极参与普惠金融业务。一是银行推出业务联络员(Business Correspondent, BC)这一创新模式,有效降低了金融服务供给成本,加强了穷人与金融组织之间的联系。二是放开对银行增设分支机构和ATM的管制。2009年以来,RBI对商业银行摆放ATM从审批制实现了完全放开。三是银行将普惠金融纳入其内部考核。2010年,RBI要求所有的银行,包括国有银行、民营银行和外资银行,将普惠金融

---

[1] 曹芳. 巴西应对金融危机的经验与借鉴 [J]. 西部金融,2012 (3):71-73.

纳入对本行员工的绩效考核标准中。此外，印度还建立了多层次的普惠金融体系，包括以农村合作银行和土地开发银行为主的合作性金融和以国家农业农村发展银行为主的政策性金融。

印度的普惠金融发展策略在缩小城乡差距方面贡献如下：①大力发展微型金融（microfinance）模式并取得了比较大的成功，对帮助农村地区贫困人口提高收入和生活水平起到了非常重要的作用。有研究发现，印度农村银行分支机构每增加1%，可以减少0.34%的贫困率，增加0.55%的产出。[①] ②以正规银行模式为主导，其特点是由印度最大的私人银行，也是印度第二大银行"印度工业信贷投资银行"承担普惠金融的主力军，主要为印度农村地区提供综合金融服务。③积极扶持小企业发展。政策性金融机构通过提供贷款或者提供固定资产的租赁等业务来扶持农村地区小微企业的发展，带动人口就业，增加人民收入。④加大对农业的投入。合作性及政策性的金融机构在农业发展这一块上，都为涉农业务提供了优惠的政策。⑤重视教育的投入，刺激中低收入人群的金融需求。普惠金融机构为各个不同年龄段的孩子提供一些基本的金融知识，免费为城乡居民提供金融教育，以便其了解银行的各种金融产品和服务，与之建立良好的关系。

印度普惠金融发展策略的不足则表现在：①过度扩张的微型金融（MFIs）积聚了大量风险。2010年10月，印度爆发了重大信用违约危机，在微型金融最为兴旺、占全国小额贷款总份额30%以上的安德拉邦，之前获取贷款的农民们在当地政客的煽动下拒绝还贷。②过度商业化导致小额信贷不可持续。MFIs在印度有着极高的投资回报。统计数据显示，2009年，84家印度MFIs的ROE为11.36%，ROA为0.16%，而同期其他非金融机构的ROE和ROA分别为11%与2.1%。"盈利"开始对"扶贫"取而代之。Mathew Titus认为，盈利诉求最终倒逼MFIs进行非理性扩张是危机迅速蔓延的最大原因。[②] ③许多针对低收入群体的小额信贷成本费用高。MFIs的贷款利率通常介于银行利率（12%~14%）和民间贷款利率（36%~60%）之间。MFIs单笔贷款的运营费用也较高。资产规模不足百万的9家MFIs，其运营费用与平均贷款总额的比为21.44%，仅运营费用一项已超过收益。[③]

总之，印度的多层次的普惠金融体系建设初显成效，但对缓解城乡差距的

---

① 马翠莲. 普惠金融冉冉升起，道路会越走越宽[N]. 上海金融报，2014—04—22.
② 许威，范璟. 印度微型金融等待央行裁决 扩张或萎缩[N]. 世纪经济报道，2011—02—22.
③ 范璟. 股权回报高达40% 印度微型金融的赚钱神话[N]. 21世纪经济报道，2010—11—12.

效果还有待提升。目前印度蓬勃发展的经济和所取得的进步主要表现在城市地区，而一些农村地区的经济却出现萎缩的迹象，"贫民窟"也成为城市化进展中的最大隐患。

第三节 对我国的启示

我国农村普惠金融发展缺乏总体设计，目标定位存在偏差，可持续性受到制约，覆盖面不够；对农业产业化、农村工业化、新型城镇化发展项目支持不足。为贯彻2012年、2013年及2018年中央1号文件精神，提升农村金融服务水平以支持城乡统筹发展，实现乡村振兴，必须借鉴国际经验。

一、完善国家级规划构建复合型、多层次农村普惠金融体制

目前在金砖国家中，巴西、印度以及俄罗斯和南非都有政府或者议会制定的国家层面的普惠金融规划，中国可借鉴这些国家的经验，由国务院牵头制定全国性的农村普惠金融指导意见或者统一规划，在农村普惠金融立法、知识宣传、机构网点设置优化、产品与服务下乡，以及政策配套等方面，全方位提升中国的农村普惠金融服务。同时借鉴美、英等发达欧美国家的经验，构建复合型、多层次农村普惠金融体制。除了从机构与业务层次方面整合现有农村商业性金融、政策性金融、合作性金融机构以及新型农村金融机构外，央行还要对银行的普惠金融业务实施监督，纳入考核指标，协调好大型商业银行与农村金融机构的对接机制，引导资金回流农村，提升对农户、弱势群体以及中小企业的金融服务深度，消除城乡二元金融。

二、确立农村合作经济组织在合作金融中的主导地位

借鉴日本、韩国发展农协的经验，必须大力发展农民合作经济组织，使之在合作金融中占主导地位。当前，我国农村有各类农民专业合作经济组织140多万个，其中较为规范的有14万多个，但多数组织只有生产经营方面的合作，缺乏资金方面的互助。党的十八大明确指出，"培育新型经营主体，发展多种形式规模经营"。要实现这一点，就必须提高农民合作经济组织的地位，可借鉴日韩经验，赋予合作经济组织在吸收会员互助资金来源及使用方面的自主权，使之真正具备合作金融以及普惠金融的性质，以弥补当前农村金融机构脱

离合作本质的不足，国家对三农的资金支持及城乡统筹调控也可通过合作经济组织进行，避免三农资金由各级政府部门直至村支两委统一派发执行过程中所导致的腐败及效率低下现象。

三、在福利主义与商业化之间维持普惠金融的可持续性

从各国实践看，普惠金融可以通过政策措施扩大覆盖面，但风险及可持续性不足等问题较为普遍。要增强小额信贷及微型金融的可持续性，就必须解决好我国农村普惠金融的发展目标问题，要求普惠金融机构在福利主义与商业化间寻求平衡，探寻有中国特色的为农民、农村小微企业，尤其是为低收入群体融资的市场化机制及支持城乡金融要素流转的机制。为此，一方面，需要借鉴欧美发达国家及印度、巴西的经验，通过对农户、小微企业、低收入群体进行必要的生产技能、经营管理知识、专业技术培训以培育合格的普惠金融需求主体；另一方面，扩张普惠金融机构融资渠道，强化其利率定价机制及风险管理能力，还需要政府在财税、补贴、互联网技术及信用体系建设方面提供配套措施，构建农村的风险补偿机制，化解农村普惠金融机构的风险。

四、围绕"三性"实施普惠金融制度创新

借鉴印度、巴西等国经验，在做好农村普惠金融发展顶层设计的同时，实施普惠金融制度创新。创新要体现普惠金融的"三性"特征："渗透性"（penetration），从人口与地理方面提升农村金融机构与人员的覆盖率；"可及性"（accessable），增强农村金融产品与服务的便利性；"使用性"（usage），切实提升农民、农村小微企业（尤其是低收入群体）对金融产品与服务的使用。为此，必须在三个层面实施普惠金融的制度创新：在微观层面实施普惠制金融机构的组织、产品、业务创新；在中观层面实施能降低普惠制金融服务提供者的交易成本、扩大服务规模和深度的金融基础设施创新；在宏观层面实施普惠制金融的法规和政策框架创新，让普惠金融成为破除农村二元金融，支持农业产业化、农村工业化及新型城镇化发展的突破口。

第四章 我国农村普惠金融统筹城乡发展的福利测度

2002年11月党的十六大明确提出"统筹城乡经济社会发展，建设现代农业，发展农村经济，增加农民收入，是全面建设小康社会的重大任务"，以及十六届三中全会（2003年10月）提出要按照"五个统筹"的要求全面建设小康社会，并将统筹城乡发展放在第一位以来，我国城乡统筹各项政策不断推进，城乡差距有所缩小。此后，党中央在在"十二五"规划及2010年的中央1号文件中也提出要完善普惠制金融制度，以支持城乡统筹发展。普惠金融的创建为弱势群体提供了一种与其他客户平等享受金融服务的机会及权利，有助于促进城乡统筹发展。目前这两项政策具有协同推进、相互促进与补充的关联作用。至今，我国农村普惠金融统筹城乡发展的福利效应到底有多大？这就需要分别对我国城乡统筹的福利水平及农村普惠金融发展分别进行测算，并分析两者之间的关系，深入挖掘是哪些因素影响了我国城乡统筹的实现，以及普惠金融发展在这些因素中所处的重要地位。本章将就此展开研究。

第一节 城乡统筹福利指数与农村普惠金融水平测算

城乡统筹的福利效应是多维度的，它体现在统筹城乡一体化发展过程中城乡居民总体社会福利的提高，既包括生活水平与质量的提升，也包括城乡社会经济发展结构的优化。这里我们纳入了"城乡统筹福利指数"的概念，来综合体现由于统筹城乡一体化发展，城乡居民在生活、经济与社会发展方面的总体福利情况。同样，农村普惠金融发展水平也是一个多因素复合作用的概念，由一系列维度及指标决定，各指标之间还具有一定相关性，我们也纳入农村普惠金融指数的概念来衡量普惠金融发展水平。

考虑到城乡统筹福利指数与农村普惠金融指数均是由多因素相互影响和作

用的这种复杂情况，这里采用一种新的方法即因子分析法来对二者同时进行测算。因子分析法是从研究变量内部相关的依赖关系出发，把一些具有错综复杂关系的变量归结为少数几个综合因子的一种多变量统计分析方法。它的基本思想是用少数几个因子去描述许多指标或因素之间的联系，将观测变量按相关性进行归类，合并联系比较紧密的因素，之后形成的每一类变量代表一个基本结构或称公共因子。这样，在尽量减少信息丢失的前提下，从众多指标中提取出少量的不相关指标，然后再根据方差贡献率确定权重，进而计算出综合得分。

一、我国城乡统筹福利指数测算

对于城乡统筹福利的评价，在遵循科学性、数据可获取性以及变量的特征性等原则，同时为较全面地反映城乡统筹发展程度的基础上，从社会结构、经济结构、生活质量等方面选取指标，具体如下：

X_1：城镇化率＝城市人口/总常住人口

X_2：城乡恩格尔系数比＝城市恩格尔系数/农村恩格尔系数

X_3：城乡居民人均消费支出比＝农村人均消费支出/城镇人均消费支出

X_4：城乡居民人均收入比＝农村人均纯收入/城市人均可支配收入

X_5：城乡家庭人均医疗保健支出比＝农村家庭人均医疗保健消费支出/城市家庭人均医疗保健支出

X_6：城乡家庭人均文教娱乐支出比＝农村人均文教娱乐消费支出/城镇人均文教娱乐支出

以上指标中，X_1 与 X_2 属于社会结构指标，X_3 与 X_4 属于经济结构指标，X_5 与 X_6 属于生活质量指标，基本上涵盖了统筹城乡一体化的几个重要方面。各项指标值越大，说明城乡差距越小，城乡一体化的社会福利效应越大。采用比值形式的相对指标，以便消除量纲的影响。经过对原始数据的简单处理，得到了2000—2015年我国城乡统筹发展福利水平的6项指标，见表4—1。

表4—1 2000—2015年衡量我国城乡统筹福利水平的核心指标

年份	X_1	X_2	X_3	X_4	X_5	X_6
2000	0.362	0.802	0.257	0.359	0.275	0.279
2001	0.377	0.801	0.257	0.345	0.281	0.279
2002	0.391	0.814	0.243	0.321	0.242	0.233
2003	0.405	0.814	0.242	0.310	0.243	0.252

续表

年份	X_1	X_2	X_3	X_4	X_5	X_6
2004	0.418	0.799	0.244	0.312	0.247	0.240
2005	0.430	0.807	0.269	0.310	0.280	0.269
2006	0.443	0.833	0.278	0.305	0.309	0.254
2007	0.459	0.842	0.277	0.300	0.301	0.230
2008	0.470	0.867	0.281	0.302	0.313	0.232
2009	0.483	0.890	0.286	0.300	0.336	0.231
2010	0.499	0.869	0.286	0.310	0.374	0.225
2011	0.513	0.899	0.312	0.320	0.451	0.214
2012	0.526	0.921	0.325	0.322	0.483	0.219
2013	0.537	0.928	0.405	0.330	0.549	0.212
2014	0.548	0.894	0.419	0.337	0.577	0.401
2015	0.561	0.900	0.431	0.339	0.586	0.407

注：数据来源：《中国统计年鉴》各期。

表4-1显示，反映社会综合发展水平的城镇化水平（X_1）提高速度较快，城镇化率以平均每年1.35个百分点的速度提高，并于2011年首次突破了50%这个重要关口，2015年达到了56.1%的高值，对城乡统筹贡献较大。由于城镇化是现代化的必由之路，是解决"三农"问题的关键路径，也是协调城乡利益关系的重要抓手，因此该指标对于提升统筹城乡一体化的福利尤为重要。指标X_2是城乡恩格尔系数比。恩格尔系数衡量的是居民食品支出占消费支出的比重，生活越贫困，恩格尔系数就越大；反则反之。根据联合国粮农组织提出的标准，恩格尔系数在59%以上为贫困，50~59%为温饱，40~50%为小康，30~40%为富裕，低于30%为最富裕。目前我国城乡恩格尔系数不断下降，2015年均降到35%以下，处于富裕阶段，同时，城乡恩格尔系数之比（X_2）越来越向1趋近，表明随着城乡一体化的推进，城乡居民共同富裕程度越来越高。常用的衡量城乡差距的指标X_4在2015年及之前一直维持在0.3的水平之上，城乡收入差距改善并不十分明显。城乡居民人均消费支出比（X_3）逐步提高，表明农村居民与城市居民在消费方面的支出差距有所缩小。在反映城乡居民生活质量方面的两个指标中，城乡家庭人均医疗保健支出比（X_5）也逐年提高，农村居民在医疗保健方面的支出有了长足的增长。城乡家

庭人均文教娱乐支出比（X_6）在 2013 年之前一直呈下滑趋势，说明在城乡居民生活水平逐步收敛、同步的同时，城乡文化、教育差异仍然较大。2014 年以后，这一情况有了一定程度的改善。

总体而言，这与我们在第二部分中的理论判断基本吻合：我国目前处于城乡发展的第三个阶段即"反哺阶段"，目前我国经济发展正处于工业化中后期，城乡关系逐步进入了工业反哺农业、城市支持农村阶段，城乡经济社会发展进入了一体化发展的新历史阶段，但城乡二元结构格局还没有根本改变，城乡资源要素的体制性分割在一定时间内还将存在。截至 2015 年，上述指标值在 0.5 以内的共有三项，反映出城乡居民消费水平差距、城乡收入差距及城乡文化差距较大，制约了城乡一体化的发展进程，离最终的城乡融合还有不小的距离。

为了进一步测度我国城乡统筹福利水平程度，我们用因子分析法进行分析。将上述变量运用 SPSS11.5 软件进行检验。KMO 检验与 Bartlett 球形检验结果见表 4-2。KMO 的统计量等于 0.6980，检验统计量大于 0.5，说明取样充分。而 Bartlett 球形检验的 P 值为 0.0000，低于显著水平 0.05，故表明该指标变量适合进行因子分析。

表 4-2　KMO 检验与 Bartlett 球形检验

Kaiser-Meyer-Olkin Measure of Sampling Adequacy.		0.6980
Bartlett's Test of Sphericity	Approx. Chi-Square	121.9862
	df	16
	Sig.	0.0000

再根据表 4-3，我们可以得到因子分析各个阶段的特征根与方差贡献率，显示的是按照主成分法求得的所选指标相关系数矩阵的特征值与方差贡献情况。在提取平方和载入阶段，我们可以看到因子的特征值均大于 1，同时 2 个公共因子的累积方差达到了 94.89%，故可以认为能较好地反映所选指标的大部分信息。

表 4-3　解释的总方差

成分	初始特征值			提取平方和载入		
	合计	方差的%	累积%	合计	方差的%	累积%
1	4.481	74.687	74.687	4.481	74.687	74.687

第四章 我国农村普惠金融统筹城乡发展的福利测度

续表

成分	初始特征值			提取平方和载入		
	合计	方差的%	累积%	合计	方差的%	累积%
2	1.212	20.200	94.887	1.212	20.200	94.887
3	0.237	3.946	98.833			
4	0.049	0.817	99.650			
5	0.014	0.234	99.884			
6	0.007	0.116	100.000			

从表4-4中可以看出，第一个主因子 F_1 在城镇化率、城乡恩格尔系数比、城乡人均消费支出比和城乡家庭医疗保健支出比方面有较大的载荷，该因子从城镇化、医疗、生活消费水平等方面反映了城乡统筹发展的福利水平，其对全部初始变量的方差贡献率为74.687%；第二个主因子 F_2 在城乡人均收入比和城乡文教娱乐支出比上有较大的载荷，具体反映了城乡居民在收入水平和文化教育方面的差异状况。

表4-4 旋转成分矩阵

	Component	
	F_1	F_2
X_1	0.981	−0.133
X_2	0.979	0.068
X_3	0.946	0.257
X_4	−0.252	0.950
X_5	0.929	0.352
X_6	−0.860	0.311

表4-5 成分得分系数矩阵

	Component	
	F_1	F_2
X_1	0.186	−0.159
X_2	0.226	0.003
X_3	0.255	0.156
X_4	0.132	0.775
X_5	0.271	0.233
X_6	−0.125	0.295

根据表4-5，可以得到主因子的表达式：

$F_1 = 0.186X_1 + 0.226X_2 + 0.255X_3 + 0.132X_4 + 0.271X_5 - 0.125X_6$

$F_2 = -0.159X_1 + 0.003X_2 + 0.156X_3 + 0.775X_4 + 0.233X_5 + 0.295X_6$

以上两个主因子从两方面反映了我国的城乡统筹发展现状，但如果仅单独使用某一个主因子并不能做出全面的评价，故以两个主因子所对应的方差贡献率作为权重，并假设因子的影响具有时间序列方面的稳定性，综合确定城乡统筹福利指数 WIBUD（Walfare Index of Balanced Urban-rural Development）：

$$WIBUD=(a/a+b)F_1+(b/a+b)F_2=0.787F_1+0.213F_2$$

其中 a 为 F_1 的方差贡献，$a=4.481$；b 为 F_2 的方差贡献，$b=1.212$。

根据上式，可以计算得出 2000—2015 年我国的城乡统筹福利指数，见表 4-6。

表 4-6　各主成分得分及综合得分

年份	2000	2001	2002	2003	2004	2005	2006	2007
F_1	0.4012	0.4032	0.3973	0.3960	0.3984	0.4136	0.4334	0.4384
F_2	0.4088	0.3972	0.3518	0.3461	0.3434	0.3604	0.3578	0.3428
WIBUD	0.4028	0.4019	0.3876	0.3854	0.3867	0.4023	0.4173	0.4181
年份	2008	2009	2010	2011	2012	2013	2014	2015
F_1	0.4505	0.4654	0.4761	0.5154	0.5345	0.5619	0.5784	0.5838
F_2	0.3461	0.3487	0.3608	0.3853	0.3960	0.4158	0.4247	0.4312
WIBUD	0.4283	0.4406	0.4516	0.4877	0.5051	0.5308	0.5457	0.5513

表 4-6 通过计算各主成分得分及综合得分，最终得到我国 2000—2015 年城乡统筹福利指数 WIBUD 值。显示 2000—2007 年，我国城乡统筹福利水平先下降后回升，而 2008 年后则出现较快上升，2015 年提升到 0.55。

二、我国农村普惠金融水平测算

在衡量农村普惠金融发展水平 LRIF（Level of Rural Inclusive Finance）时，我们按照普惠金融的"三性"原则（即渗透性、可获得性及实际使用性），纳入三个维度即农村金融机构（主要包括农村商业银行、信用社、农村合作银行、邮政储蓄银行以及新型农村金融机构）的渗透性、农村金融产品服务的可获得性、农村金融产品与服务实际使用度或者农村金融覆盖度。农村金融机构的渗透性涉及人口渗透性和地理渗透性。人口维度的渗透性主要包括每 10 万人拥有的农村金融机构从业人数、每 10 万人拥有的农村金融机构数；地理维度的渗透性主要包括每千平方公里中农村金融机构的从业人员数，每千平方公里中的农村金融机构数。金融产品的可获得性主要由农村储蓄及农村信贷占 GDP 的比重构成两个指标来表示；对于农村金融产品的实际使用情况，我们以农村金融机构贷款占总信贷的比重来衡量，也可称之为农村金融覆盖面。同时我们纳入了农业保险密度这一概念,由农村人均保险收入指标构成,反映了我国农村保险的普及程度和保险业在农村的发展水平。指标体系设计见表4-7。

表4-7 农村普惠金融指标体系

维度	衡量指标	计算方法
农村金融机构的渗透性	人口渗透性	每10万人拥有农村金融机构从业人员数
		每10万人拥有农村金融机构数
	地理渗透性	每千平方公里农村金融机构从业人数
		每千平方公里拥有农村金融机构数
农村金融产品与服务的可获得性	农村储蓄率	农村金融机构存款总量占GDP的比重
	农村信贷率	农村金融机构贷款占GDP的比重
农村金融使用度（覆盖率）	农村贷款	农村信贷占总信贷的比重
	农业保险密度	农村人均农业保费收入

各指标数值见表4-8。

表4-8 反映我国农村普惠金融发展水平的指标

维度指标	农村金融机构从业人数（人/1000km²）	农村金融机构数（家/1000km²）	农村金融机构从业人数（人/10万人）	农村金融机构数（家/10万人）	金融机构农村储蓄率（%）	金融机构农村贷款率（%）	农村信贷占总信贷比（%）	农业保险密度（元/人）
2000	80.18	0.22	1.08	0.017	12.54	13.21	7.92	0.49
2001	79.57	0.23	1.10	0.008	12.62	12.87	9.09	0.38
2002	80.25	0.23	1.14	0.011	12.77	13.43	9.24	0.64
2003	80.37	0.25	1.54	0.018	13.28	13.63	10.27	0.66
2004	81.25	0.24	1.17	0.012	12.91	13.20	12.42	0.50
2005	82.19	0.24	1.24	0.021	13.22	13.25	12.74	0.97
2006	84.60	0.25	1.27	0.026	13.18	13.78	14.76	1.16
2007	80.91	0.25	1.15	0.012	12.23	13.91	15.80	7.25
2008	83.21	0.24	1.14	0.007	13.32	14.29	15.61	15.72
2009	88.31	0.36	1.23	0.005	14.10	15.14	17.55	19.42
2010	91.82	0.35	1.31	0.005	14.37	15.44	19.25	20.22
2011	97.65	0.35	1.43	0.005	14.58	15.90	20.88	27.09

续表

维度指标	农村金融机构从业人数（人/1000km²）	农村金融机构数（家/1000km²）	农村金融机构从业人数（人/10万人）	农村金融机构数（家/10万人）	金融机构农村储蓄率（%）	金融机构农村贷款率（%）	农村信贷占总信贷比（%）	农业保险密度（元/人）
2012	102.03	0.34	1.53	0.005	15.84	16.87	21.62	37.46
2013	108.23	0.36	1.65	0.006	15.53	16.42	22.58	48.69
2014	112.05	0.37	1.74	0.006	16.11	17.14	23.20	52.66
2015	115.88	0.38	1.84	0.006	16.47	17.55	22.80	62.13

注：①农村金融机构主要包括以法人为单位的农信社、农村商业银行、农村合作银行、邮政储蓄银行，从2008年开始新增了新型农村金融机构；②农村储蓄主要是农村合作银行、农村商业银行、农村信用合作社吸收的储蓄存款；③农村信贷主要包括农户贷款以及县（县以下）小微企业等各类组织贷款；④人口渗透性以每10万乡村人口拥有的金融机构（从业者）数表示。

数据来源：《中国金融年鉴》《中国统计年鉴》及各期中国银监会年报。

由于选取了不同的维度来进行度量，各指标的数量级差异较大，故选择使用小数定标法对不同量纲的原始数据进行规范化处理，使其统一为0~1之间的数值，同时各维度指标均按等权处理。对于农村普惠金融指标的发展水平的计算同样采用因子分析法，其过程在此不一一重复，仅将最后的计算结果显示出来，见表4-9。

表4-9　2000—2015年各主成分得分及IRIF值

年份	2000	2001	2002	2003	2004	2005	2006	2007
F_1	0.0450	0.0454	0.0461	0.0502	0.0704	0.0812	0.1121	0.1075
F_2	0.0301	0.0705	0.0878	0.1062	0.0818	0.0604	0.0637	0.0528
LRIF	0.0477	0.0501	0.0550	0.0671	0.0719	0.0741	0.0954	0.0877
年份	2008	2009	2010	2011	2012	2013	2014	2015
F_1	0.1251	0.1559	0.1621	0.2142	0.2421	0.3454	0.3928	0.4254
F_2	0.0528	0.0741	0.0841	0.0852	0.1042	0.1165	0.1346	0.1574
LRIF	0.1125	0.1452	0.1716	0.1982	0.2223	0.2834	0.3124	0.3961

表4-9中，计算得到的LRIF值越大，则表明农村金融普惠程度越高。总体看我国农村普惠金融发展水平并不高，最高值为2015年的0.3961。从地

理渗透性与人口渗透性角度看，由于1999年开始我国县域金融机构开始收缩，农村普惠金融发展水平十分低下，但从2009年开始，以村镇银行、小额贷款公司及农村资金互助组织等为主体的新型农村金融机构发展十分迅猛，使得从2009年开始农村金融渗透性明显提升，随着农业保险密度的同步加深，农村普惠金融发展水平也开始急剧提高。尽管如此，由于每千平方公里及每10万乡村人口拥有的农村金融机构数比例低下，金融机构农村储蓄与贷款、农村信贷占总信贷比重等长期处于20%以下，导致我国总体农村普惠金融发展水平并不高。这在现实中体现为农村金融排斥现象仍然十分严重。隐藏在农村信贷内容中的还有一项指标，那就是农户信贷，统计数据同时显示出，历年来我国农户所获得信贷额占各项信贷总额的比例也很低，大概长期徘徊在5%左右。这与第二部分即理论研究部分提出的我国农村普惠金融水平处于初级阶段的判断是一致的，尽管目前我国农村普惠金融水平有了较大提升，但在机构、业务、产品方面仍处于发展的初级阶段。

第二节　农村普惠金融作用于城乡统筹福利的实证

一、模型与变量设定

为了考虑农村普惠金融发展对城乡统筹发展福利的影响，这里将农村普惠金融发展水平与其他影响城乡统筹的因素作为自变量引入分析框架，建立回归模型：

$$W = W(LRIF, X)$$

其中，W 为因变量即城乡统筹福利指数（WIBUD），代表我国城乡统筹综合发展给城乡居民带来的福利水平；自变量 $LRIF$ 表示农村普惠金融发展水平，X 为影响城乡统筹的其他因素。由于城乡统筹的发展状况还受制于影响城乡公共品供给的其他因素如教育投入、产业结构[①]及政府行为[②][③]等因素影

[①] h. chennery, m. sycquin, patternsofdevelopment, 1950－1970, oxforduniversitypress, 1975.

[②] 张红宇. 城乡居民收入差距的平抑机制：工业化中期阶段的经济增长与政府行为选择[J]. 管理世界，2004（4）：55－64.

[③] 李实，赵人伟. 收入差距还会持续扩大吗[J]. 中国改革，2006（7）：44－46.

响，因此选择如下因素作为控制变量：

教育发展水平（EDU）：该指标反映了教育的总体趋势对城乡统筹发展的影响，居民的教育水平越高，即人力资本越丰富，收入水平越高，理论上有助于提升城乡统筹福利，本文选取总人口中每万人在校中学生人数来反映教育水平。

产业结构（IS）：在城乡统筹过程中，非农产业在产业结构中所占比重越高，即第二、三产业所占比重越高，人民会因此获得更多额外收入，此时城乡发展才会得到提高，本文采用第二、三产业增加值占当期GDP的比重来表示产业结构因素。

政府财政支出（GEB）：反映政府对经济的支持力度。财政支出主要指政府通过提供公共产品和服务来满足社会共同需要，从理论上讲能促进城乡统筹发展。本文采用政府财政支出占当期GDP的比重来进行衡量。

上述指标的数据均来源于《中国统计年鉴》与《中国金融年鉴》2001—2016年各期，国家统计局网站以及CEIE数据库。回归变量见表4-10。

表4-10　回归变量描述

年	WIBUD	ln（LRIF）	EDU	GEB	IS
2000	0.4028	−1.1554	625.6	0.1604	0.8525
2001	0.4019	−1.1419	651.4	0.1971	0.8594
2002	0.3876	−1.1247	668.7	0.3088	0.8662
2003	0.3854	−1.1013	669.0	0.2102	0.8757
2004	0.3867	−1.0315	652.8	0.2084	0.8699
2005	0.4023	−1.0075	621.4	0.1847	0.8827
2006	0.4173	−0.9386	595.8	0.1918	0.8928
2007	0.4181	−0.8999	573.6	0.2010	0.8963
2008	0.4283	−0.8452	558.5	0.2081	0.8966
2009	0.4406	−0.7863	544.0	0.2242	0.9011
2010	0.4516	−0.7174	527.9	0.2244	0.9037
2011	0.4877	−0.6448	506.7	0.2308	0.9046
2012	0.5051	−0.5653	476.3	0.2421	0.9047
2013	0.5308	−0.4768	444.0	0.2457	0.9059

续表

年	WIBUD	ln (LRIF)	EDU	GEB	IS
2014	0.5457	−0.4152	496.1	0.2351	0.9084
2015	0.5512	−0.3957	486.4	0.2582	0.9100

表 4-10 中的数据即为在实证阶段中将要运用的数据，对于农村普惠金融指标选择了取对数，这样可以减少异方差性。

二、实证与检验

大量的经验研究表明，宏观经济变量的时间序列都是非平稳和具有时间趋势的。因此首先对上述变量进行时间序列的平稳性检验。Augment Dicker-Fuller（ADF）检验法是常用的单位根检验方法，检验结果见表 4-11。

（一）单位根检验

表 4-11 变量的单位根检验结果

变量	ADF 检验统计量	检验类型 (C, T, P)	临界值	稳定性	结论
WIBUD	−0.7880	(C, T, 0)	−3.3629 *	不稳定	I (1)
DWIBUD	−3.9596	(C, T, 0)	−3.8753**	稳定	
ln (LRIF)	−0.6875	(C, T, 1)	−3.4523 *	不稳定	I (1)
Dln (LRIF)	−5.7542	(C, T, 0)	−2.8575**	稳定	
ln (EDU)	−1.7291	(C, T, 2)	−3.4200 *	不稳定	I (1)
Dln (EDU)	−3.7143	(C, 0, 1)	−3.1753**	稳定	
GEB	0.1917	(0, 0, 1)	−1.6029 *	不稳定	I (1)
DGEB	−0.6058	(0, 0, 1)	−2.7921***	稳定	
IS	−2.0006	(C, 0, 0)	−2.7011 *	不稳定	I (1)
DIS	−3.5979	(C, 0, 0)	−3.1449**	稳定	

注：(1) 检验类型中 C、T、P 分别表示带有常数项、趋势项和滞后阶数；(2) *、**、*** 分别表示在 10%、5%、1% 的显著水平下显著；(3) DWIBUD 表示 WIBUD 的一阶差分，其余类似。

由表 4-11 的检验结果可以知道，WIBUD、ln (LRIF)、ln (EDU)、GEB 和 IS 均为非平稳序列，这些变量在经过差分变换，根据一阶差分变量的趋势图我们可以得到，DWIBUD 和 $D\ln$（LRIF）表现为含有截距和时间序列项的 I（1）平稳序列，$D\ln$（EDU）和 DIS 表现为只含有截距项不含有时间序列项的 I（1）平稳序列，DGEB 表现为既不含截距项也不含时间序列项的 I（1）平稳序列。

（二）格兰杰因果检验

由 ADF 检验，经过一阶差分后，DWIBUD、$D\ln$（LRIF）、$D\ln$（EDU）、DGEB、DIS 均为 I（1）平稳序列。为了分析普惠金融、教育水平、财政支出和产业结构与城乡统筹之间的因果关系，我们对此进行了格兰杰因果检验。格兰杰因果关系的检验结果见表 4-12。

表 4-12 格兰杰因果检验结果

	原假设 H0	F-Statistic	Probability
1	ln（LRIF）does not Granger Cause WIBUD	12.3507	0.0025
	WIBUD does not Granger Cause ln（LRIF）	0.7547	0.4587
2	ln（EDU）does not Granger Cause WIBUD	0.3981	0.6852
	WIBUD does not Granger Causeln（EDU）	1.1804	0.3616
3	GEB does not Granger Cause WIBUD	2.5857	0.1443
	WIBUD does not Granger Cause GEB	1.3769	0.3131
4	IS does not Granger Cause WIBUD	2.1293	0.1895
	WIBUD does not Granger Cause IS	0.3314	0.7286

由表 4-12 可以看出，第 1 组检验结果表明农村普惠金融水平在 0.25% 的显著性水平下是我国城乡统筹的格兰杰原因；第 2 组检验结果表明，教育因素与城乡统筹之间没有很明显的格兰杰因果关系；第 3 组检验结果表明政府的财政支出在 14.43% 的显著水平下是我国城乡统筹的格兰杰原因；第 4 组检验结果表明，产业结构在 18.95% 的显著水平下是我国城乡统筹的格兰杰原因。

（三）协整回归

在经过一阶差分后，DWIBUD、$D\ln$（LRIF）、$D\ln$（EDU）、DGEB、DIS 均为 I（1）平稳序列，对此，我们定义一组协整回归模型，对我国城乡统筹和普惠金融之间的关系进行检验。

$$WIBUD = \alpha_0 + \alpha_1 \ln(LRIF) + \alpha_2 \ln(EDU) + \alpha_3 IS + \alpha_4 GEB + \varepsilon$$

其中，α_0 是截距项，ε 是误差项。

对上述回归模型进行最小二乘回归，结果见表 4-13。

表 4-13 城乡统筹福利指数与解释变量的回归分析结果

Variable	Coefficient	Std. Error	t-Statistic	Prob.
C	1.5465	0.2548	5.6543	0.0001
ln（LRIF）	0.1452	0.06535	2.0552	0.0554
ln（EDU）	-1.34E-05	1.77E-05	-2.0555	0.0665
IS	0.1215	0.4157	-3.5736	0.0075
GEB	0.0457	0.0756	0.6157	0.4781

$$WIBUD = 1.5465 + 0.1452\ln(LRIF) - 0.0001EDU + 0.1215IS + 0.0457GEB$$

$R^2 = 0.9875$ $Adj-R^2 = 0.9676$ $F = 95.4557$ $Prob(F-statistic) = 0.0000$

从统计检验看，调整 $R^2 = 0.9676$，该回归方程具有较好的解释力，从模型的稳健性来看，绝大多数指标通过 t 检验，效果非常显著。其中农村普惠金融水平、政府支出与产业结构变量（IS）与城乡统筹福利指数呈正向关系，而教育水平（EDU）与城乡统筹福利指数呈负相关关系。

（五）残差序列的平稳性检验

为了检验相关变量是否存在协整关系，对表 4-11 中的方程的残差序列（Resid-01）进行单位根检验，运用 ADF 检验，结果见表 4-14。

表 4-14 残差序列的单位根检验结果

残差序列	ADF 检验统计量	临界值	平稳性
		1% Critical Value -4.0648	
Resid-01	-4.138245	5% Critical Value -3.1242	平稳
		10% Critical Value -2.4235	

由表 4-14 可知，在 5% 的显著水平下，上述方程的残差序列的 ADF 检验统计量小于临界值。残差序列平稳，说明 WIBUD、ln（LRIF）、ln（EDU）、GEB 和 IS 之间存在协整关系。

（六）ECM 估计及相关检验

在协整检验中，可以分析得到各变量之间具有协整关系，即 WIBUD 和 ln（LRIF）、ln（EDU）、GEB、IS 具有长期均衡关系。至于 WIBUD 和 ln（LRIF）、ln（EDU）、GEB、IS 之间的短期关系，可以通过建立误差修正模型（ECM）进行考察。具体误差修正模型如下：

$$WIBUD_t = \alpha_0 + \alpha_1 D\ln(LRIF)_t + \alpha_2 D\ln(EDU_t) + \alpha_3 DIS_t + \alpha_4 DGEB_t + \alpha_5 ecm_{t-1} + V_{1t}$$

$$ecm_{t-1} = WIBUD_{t-1} - 0.1451\ln(LRIF)_{t-1} + 0.00001\ln(EDU_{t-1}) - 0.1215IS_{t-1} - 0.0457GEB_{t-1} - 1.5465$$

表 4-15　EMC 估计及相关检验结果

Variable	Coefficient	Std. Error	t-Statistic	Prob.
C	-0.0142	0.0084	-1.4152	0.2457
$D\ln(LRIF)$	0.3574	0.1678	2.2475	0.0654
$D\ln(EDU)$	-2.58E-05	1.78E-05	-0.9012	0.2785
D（IS）	0.1704	0.6570	0.3778	0.6857
D（GEB）	0.0211	0.0407	0.3874	0.6778
ecm	-0.9257	0.3254	-2.8574	0.0318
拟合优度	0.8475	被解释变量均值		0.0088
修正拟合优度	0.7217	被解释变量标准差		0.0145
回归方程标准差	0.0069	AIC 准则		-6.7854
残差平方和	0.0003	SIC 准侧		-6.5686
似然函数的对数	48.3477	F 统计量		7.2252
DW 统计量	1.7548	F 统计量的显著水平		0.0109

误差修正项 ecm 的系数是-0.9257，为负数，符合反向修复机制，因而该误差修正模型成立。误差修正模型整体的 AIC 的值为-6.7854，SIC 的值为-6.5686，这两个值都比较小，而似然函数的对数值为 48.3477，拟合优度的值为 0.8475，这两个值都比较大，说明该误差修正模型具有较强的解释能力。

根据误差修正模型的结果见表 4-15，该误差修正模型方程可以表示为下式：

$$DWIBUD_t = -0.0142 + 0.3574\ln(LRIF)_{t-1} - 0.00003D\ln(EDU)_{t-1} + 0.1704DIS_t + 0.0211DGEB_{t-1} - 0.9257\,emc_{t-1} + V_{1t}$$

其中 $emc_{t-1} = WIBUD_{t-1} - 0.1452\ln(LRIF)_{t-1} + 0.00001\ln(EDU)_{t-1} - 1.0715IS_{t-1} + 0.0457GEB_{t-1} - 1.5465$

可以看出上期农村普惠金融变量的波动及误差对当期城乡统筹福利的正向影响也是显著的。

第三节 实证结果分析

第一，我国城乡统筹与农村普惠金融发展水平同步上升，但两者都存在发展中的不足，尤以后者为甚。测算表明，2000 年以来，我国城乡统筹福利指数及农村普惠金融发展水平总体呈现同步上升趋势。从城乡统筹发展情况看，2000—2007 年我国城乡统筹福利指数先下降后回升，2008 年后则出现较快上升，到 2015 年超过中值，达到 0.55 的高值；从普惠金融发展水平看，2000 年水平约为 0.05，2009 年开始随着农村合作金融以及新型农村金融机构的发展壮大，开始快速提高，到 2015 年上升到约 0.40，上升幅度较大，但总体看，目前水平并不高，尚未越过中值 0.5。综合考虑上述两类指标体系测算的结果，我们维持两个基本判断：我国农村普惠金融目前仍处于发展的初级阶段，理由是，随着各地以新型农村金融机构为代表的农村中小涉农金融机构数的不断增加，央行推动的以投入 ATM 为主要手段的金融覆盖举措的实施，以及农村保险业的快速发展，反映农村金融地理渗透性以及农村保险密度的指标总体处于扩张阶段，但农村金融机构的人口渗透性比例仍然过低，我国农村信用合作社 "一社独大" 的局面还没有改变广大农村地区金融服务的广度和深度不足的问题，农民、农村小微企业及农村各类经济组织在信贷获取上存在较大障碍，农村普惠金融的发展在机构、业务及产品服务方面仍处于初级阶段；同时，我国城乡统筹发展处于第二部分理论分析中所谈到的第三个阶段 "反哺阶段"。随着我国人均 GDP、工农 GDP 比、人口城市化率上升，以及农业 GDP 占比和农业就业比率的下降，我国经济结构呈反哺期的明显迹象，但我国城乡在各方面仍然维持着较大的差距，突出表现为城乡居民消费水平、城乡收入水平及城乡教育文化差距较大，制约了我国城乡一体化的发展进程。处于工业反哺农业阶段的我国城乡统筹发展，迫切需要农村普惠金融向高级化阶段发展，以获得一体化发展建设中足够的普惠型资金的支持。

第二,农村普惠金融发展水平与城乡统筹福利水平之间存在长期均衡关系,前者是后者的格兰杰原因。协整检验结果说明,我国城乡统筹和农村普惠金融之间存在长期均衡关系,随着农村普惠金融水平的提高,城乡统筹福利水平也呈现上涨态势,所以城乡统筹和普惠金融之间具有同向发展趋势。农村普惠金融水平每上涨一个百分点,就会使得城乡统筹福利水平上升 0.145 个百分点;格兰杰因果关系检验结果说明,普惠金融是城乡统筹的格兰杰原因,表明普惠金融是促进城乡统筹的重要影响因素。随着农村普惠金融不断发展,城乡收入水平、人均消费水平及文教娱乐支出等方面差距得以缩小,城乡统筹福利水平得以提高。

第三,在政府支出、产业结构及教育等控制变量中,前两者对于提升城乡统筹福利水平有显著影响,这也说明了政府支出与产业结构优化分别作为弥补市场失灵及提升居民收入水平的手段,在城乡统筹发展中的重要性;而教育水平与城乡统筹之间存在负相关,说明目前教育因素对城乡统筹的正向作用还未显现出来。一方面,由于我国人口红利下降,在校中学生人数减少;另一方面,教育资源投入本身对于城乡而言并不均衡,相应的回报差异较大,农村地区不仅得到的教育资源少,而且人力资源在极化效应下由农村流向城市,进而扩大了城乡差距。这在现实中具体体现为城乡文化统筹水平低下。

总之,根据实证分析的结果,要提高城乡统筹的福利水平,就要大力提升农村普惠金融水平,促进农村普惠金融由初级向高级阶段发展。鉴此,必须创新普惠金融制度以破解"二元金融"痼疾,引导金融资源向农村地区,向贫困地区输送,推进以教育为核心的公共服务均等化为导向的农村普惠金融体系建设。与此同时,还要在农村普惠金融发展、人力资源投入及产业结构调整三大要素中,充分发挥农村普惠金融发展的分配机制,带动和促进城乡人力资源均衡配置及农村产业结构的同步优化升级,促进城乡均衡发展。

第五章　农村普惠金融发展影响区域城乡居民福利差异的测度

前面测度了全国层面农村普惠金融发展水平及城乡统筹发展情况。但中国幅员辽阔，31个省（市、自治区）普惠金融发展水平各不相同，城乡居民福利差异也各异，前者是如何影响各地区城乡居民福利差异的呢？本章将对各省（市、自治区）的农村普惠金融发展水平、城乡居民福利差异程度分别进行相对测度并排名，然后分区域构建面板模型进行量化分析。

第一节　我国区域农村普惠金融发展及城乡居民福利差异测度

一、我国31个地区农村普惠金融发展水平测度

前面我们通过构建层次分析法来计算了全国层面的农村普惠金融发展水平。在区域层面，由于我国31个省、市、自治区反映农村普惠金融发展水平的指标很多，将众多指标中的信息浓缩到几个比较少的指标中的工作量会相当大，因此在不影响全局判断的基础上，我们不沿用前面的因子分析法，而是借鉴Mandira Sarma（2008）所提出的多维度普惠金融指数IFI（Inclusive Financial Index）构建方法，根据数据可得性改进评价指标体系，来测算各地区农村普惠金融服务水平（LRIF）。我们进行测度的目的是比较各地区农村普惠金融发展水平、城乡居民福利水平的差异，以及两者之间的联系，因此这里测度的农村普惠金融水平在反映各地区的相对差异方面还是可行的、合理的。

Mandira Sarma构建的模型是，基于普惠金融体系的多维度性，从n个维度出发，首先计算普惠金融各维度值，然后根据各维度的重要程度赋予一定权

重，最后综合计算普惠金融指数 IFI。维度值计算公式如下：

$$d_i = w_i \frac{A_i - m_i}{M_i - m_i} \cdots\cdots(1)$$

式中，w_i 为维度 i 的权重，$0 \leqslant w_i \leqslant 1$，$A_i$ 为维度 i 的实际值，m_i 为维度 i 的低值，M_i 为高值，可见 $0 \leqslant d_i \leqslant w_i$。

d_i 值越大，衡量普惠金融的维度 i 越显著。同时考虑 n 维度时，一国（地区）的普惠金融发展度可以在 N 维空间上以点 $X = (d_1, d_2, d_3, \cdots, d_n)$ 表示，点 $O = (0, 0, 0, \cdots, 0)$ 代表最差的金融排斥情况，点 $W = (w_1, w_2, \cdots, w_n)$ 代表最高的金融包容程度。任意一点 X 距离 O 越远或者距 W 越近，则普惠程度越高。设 X_1 为 X 与 O 之间标准化欧氏距离，X_2 为 X 与 W 之间欧氏距离，X_1 与 X_2 计算如下，并取简单算术平均值计算得到普惠金融指数 IFI。

$$X_1 = \frac{\sqrt{d_1^2 + d_2^2 + \cdots + d_n^2}}{\sqrt{w_1^2 + w_2^2 + \cdots + w_n^2}}$$

$$X_2 = 1 - \frac{\sqrt{(w_1 - d_1)^2 + (w_2 - d_2)^2 + \cdots + (w_n - d_n)^2}}{\sqrt{w_1^2 + w_2^2 + \cdots + w_n^2}}$$

$$\text{LRIF} = [X_1 + X_2]/2 \cdots\cdots(2)$$

根据普惠金融的"三性原则"（渗透性、可及性、使用性），同第四章类似，本书选取了三个维度共六个指标来衡量农村普惠金融发展状况。三个维度分别为农村金融机构地理渗透性与人口渗透性、农村金融服务可获得性及农村金融服务实际使用度。中国的农村金融机构以农村信用社、农村商业银行及农村合作银行为主体，2009年之后各省市纷纷设立了一些村镇银行、小额贷款公司、农村资金互助组织等新型农村金融机构，也属于农村金融机构范畴。在地理渗透性方面，选取每千平方千米的农村金融机构数、每千平方千米的农村金融从业人员数指标；在人口渗透性方面，选取每十万乡村人口拥有的农村金融机构数、每十万乡村人口拥有的农村金融机构从业人数指标；在农村金融产品与服务可获得性方面，选取农村储蓄余额占 GDP 比重这一指标；在实际使用度方面，选取金融机构农村贷款占各项贷款总额的比重及该地区农村保险密度两项指标。

这里先用变异系数法来确定各指标在农村普惠金融指数中所占的权重。具体方法是：首先用变异系数来衡量各指标取值的差异程度，以消除不同指标量纲不同的问题。变异系数是标准差与平均数的比值，分别计算第 i 项指标的平均数 $\overline{x_i}$ 和标准差 σ_i（i=1, 2, …, n），则其变异系数为 $V_i = \sigma_i / \overline{x_i}$；然后，

第五章　农村普惠金融发展影响区域城乡居民福利差异的测度

加总求其和 $\sum_{i=1}^{n} V_i$，由此得到各指标的权重 $w_i = V_i / \sum_{i=1}^{n} V_i$。指标构造及权重计算结果见表 5-1。

表 5-1　计算农村普惠金融指数的维度、指标体系及权重

衡量维度 d_i	具体指标	平均权重
农村金融服务地理渗透性	每千平方千米的农村金融机构数	0.12
	每千平方千米的农村金融从业人员数	0.15
农村金融服务人口渗透性	每十万乡村人口拥有的农村金融机构数	0.14
	每十万乡村人口拥有的农村金融机构从业人数	0.15
农村金融服务可获得性 农村金融使用度（覆盖率）	农村储蓄余额占 GDP 比重	0.12
	农村贷款余额占总信贷比重	0.17
	农村保险密度	0.15

在指标权重确定的基础上构建农村普惠金融指数。将不同量纲的指标进行归一化处理，按式（1）计算得到农村普惠金融指数中的第 i 个维度值 d_i，然后根据式（2）构建农村普惠金融水平指数。用于计算各指标实际值所用的原始数据主要来源于历年《中国金融年鉴》《农村金融服务报告》、中国人民银行发布的《区域金融运行报告》、银监会发布的各年年报、中经网数据库、《中国县市社会经济统计年鉴》各期，各省（市）国民经济和社会发展统计公报，以及中国银行监督委员会官网。

2007—2015 年我国各省（市、自治区）农村普惠金融指标 LRIF 测度及排名见表 5-2。

表 5-2　2007—2015 年我国各省（市、自治区）LRIF 的测度及排名

省份	2007	2008	2009	2010	2011	2012	2013	2014	2015
北京市	0.411 (1)	0.427 (3)	0.423 (3)	0.440 (3)	0.456 (1)	0.475 (1)	0.484 (1)	0.512 (1)	0.541 (1)
天津市	0.283 (7)	0.301 (7)	0.284 (8)	0.297 (8)	0.286 (8)	0.294 (8)	0.296 (8)	0.285 (9)	0.348 (7)
河北省	0.267 (9)	0.292 (9)	0.281 (9)	0.281 (10)	0.249 (9)	0.257 (9)	0.261 (10)	0.242 (10)	0.266 (11)
山东省	0.277 (8)	0.296 (8)	0.292 (7)	0.311 (7)	0.295 (7)	0.303 (6)	0.307 (7)	0.358 (7)	0.412 (6)
海南省	0.029 (31)	0.046 (30)	0.091 (28)	0.072 (29)	0.055 (30)	0.071 (31)	0.104 (26)	0.166 (22)	0.164 (22)
福建省	0.158 (18)	0.178 (17)	0.159 (20)	0.179 (19)	0.173 (17)	0.181 (16)	0.192 (16)	0.212 (14)	0.217 (15)
上海市	0.387 (3)	0.444 (1)	0.449 (1)	0.445 (2)	0.443 (2)	0.462 (2)	0.471 (2)	0.510 (2)	0.521 (2)
江苏省	0.293 (6)	0.324 (6)	0.311 (6)	0.320 (5)	0.302 (5)	0.309 (5)	0.314 (5)	0.384 (5)	0.425 (5)
浙江省	0.352 (4)	0.415 (4)	0.413 (4)	0.436 (4)	0.439 (3)	0.448 (3)	0.447 (3)	0.477 (4)	0.502 (3)
广东省	0.407 (2)	0.441 (2)	0.440 (2)	0.447 (1)	0.421 (4)	0.437 (4)	0.444 (4)	0.495 (3)	0.501 (4)
吉林省	0.192 (16)	0.200 (16)	0.181 (17)	0.191 (16)	0.162 (18)	0.162 (19)	0.171 (18)	0.181 (21)	0.201 (18)

续表

省份	2007	2008	2009	2010	2011	2012	2013	2014	2015
辽宁省	0.322 (5)	0.348 (5)	0.327 (5)	0.338 (5)	0.302 (6)	0.297 (7)	0.316 (5)	0.368 (6)	0.317 (8)
黑龙江	0.225 (12)	0.209 (15)	0.199 (15)	0.208 (15)	0.176 (15)	0.195 (14)	0.203 (14)	0.206 (16)	0.257 (13)
安徽省	0.144 (19)	0.210 (22)	0.148 (22)	0.133 (26)	0.150 (22)	0.162 (20)	0.172 (17)	0.194 (17)	0.214 (16)
山西省	0.238 (11)	0.279 (10)	0.276 (10)	0.284 (9)	0.248 (10)	0.255 (10)	0.264 (9)	0.336 (8)	0.312 (9)
江西省	0.138 (21)	0.147 (24)	0.138 (23)	0.153 (22)	0.147 (23)	0.117 (26)	0.149 (21)	0.185 (20)	0.194 (19)
河南省	0.260 (10)	0.278 (11)	0.273 (11)	0.267 (11)	0.232 (11)	0.226 (11)	0.231 (11)	0.214 (13)	0.223 (14)
湖北省	0.206 (15)	0.225 (13)	0.215 (14)	0.221 (14)	0.191 (14)	0.192 (15)	0.200 (15)	0.225 (11)	0.301 (10)
湖南省	0.214 (14)	0.221 (14)	0.220 (13)	0.223 (13)	0.192 (13)	0.202 (13)	0.204 (13)	0.207 (15)	0.265 (12)
广 西	0.109 (27)	0.132 (25)	0.130 (25)	0.134 (24)	0.117 (25)	0.122 (24)	0.124 (25)	0.138 (26)	0.138 (26)
重庆市	0.110 (26)	0.176 (19)	0.163 (18)	0.168 (21)	0.157 (20)	0.164 (18)	0.164 (19)	0.188 (18)	0.207 (17)
陕西省	0.135 (22)	0.148 (23)	0.135 (24)	0.149 (23)	0.123 (24)	0.135 (22)	0.137 (22)	0.145 (25)	0.174 (22)
四川省	0.220 (13)	0.229 (12)	0.222 (12)	0.231 (12)	0.223 (12)	0.217 (12)	0.218 (12)	0.224 (12)	0.223 (14)
贵州省	0.116 (24)	0.111 (27)	0.099 (27)	0.110 (27)	0.102 (27)	0.106 (27)	0.104 (26)	0.127 (28)	0.122 (27)
云南省	0.175 (17)	0.177 (18)	0.162 (19)	0.171 (20)	0.151 (21)	0.121 (25)	0.131 (24)	0.186 (19)	0.160 (23)
西 藏	0.033 (30)	0.044 (31)	0.030 (31)	0.057 (31)	0.039 (31)	0.071 (30)	0.079 (29)	0.081 (31)	0.080 (30)
甘肃省	0.138 (20)	0.161 (21)	0.188 (16)	0.185 (17)	0.174 (16)	0.151 (21)	0.151 (20)	0.150 (24)	0.151 (24)
青海省	0.049 (29)	0.065 (29)	0.057 (30)	0.069 (30)	0.077 (29)	0.094 (28)	0.094 (27)	0.094 (30)	0.090 (29)
宁夏	0.080 (28)	0.109 (28)	0.090 (29)	0.090 (28)	0.081 (28)	0.085 (29)	0.091 (28)	0.099 (29)	0.095 (28)
新疆	0.111 (25)	0.124 (26)	0.119 (26)	0.133 (25)	0.112 (26)	0.126 (23)	0.134 (23)	0.132 (27)	0.140 (25)
内蒙古	0.135 (23)	0.164 (20)	0.158 (21)	0.181 (18)	0.161 (19)	0.166 (17)	0.164 (19)	0.165 (23)	0.169 (21)

注：括号里的是排名。

对31个省（市、自治区）2007—2015年9年的LRIF指数的分析表明：①从总体上看，我国各地区普惠金融水平（LRIF）呈上升趋势。②我国绝大多数地区农村普惠金融水平比较低，LRIF值在0.01~0.25之间。国际普惠金融发展水平（IFI）的划分标准是：$0.5 < IFI < 1$，表示高的金融包容性；$0.3 < IFI < 0.5$，表示中等程度的金融包容性；$0 < IFI < 0.3$，表示低的金融包容性。尽管所使用的评价指标不一样，但大致的划分区间还是合理的、通用的，偏离中值越低，普惠金融发展程度越低。可见我国大部分省（市或区）普惠金融水平都比较低。③农村普惠金融水平呈现地区间差异。东部10个省（市）中，北京、天津、上海、江苏、浙江、山东和广东的LRIF指数均在0.2~0.5之间，有的省（市）甚至超过了0.5，2015年囊括了LRIF排名中的前七名，说明东部地区农村普惠金融发展到中等水平，具有较高金融包容性；东北三省中辽宁排名靠前，黑龙江居中，与其经济在全国中的发展水平也基本相符；中部地区除了山西和湖北有几年LRIF指数大于0.3外，其他省份历年的LRIF指数都小于0.3，大体在全国处于居中的位置；西部地区，除了四川、重庆的RIFI指数相对大一点，部分年份LRIF值大于0.2，其他省（市、自治区）的

LRIF 指数均小于 0.2，特别是少数民族自治区如西藏、宁夏，以及青海省各年的 LRIF 指数达不到 0.1，所以我国西部地区的普惠金融发展处于很低阶段，同时地区内部普惠金融发展的分异程度较大。

二、我国 31 个地区城乡居民福利差异测度

关于城乡居民福利测度，同理在目前学界的三种方法即基于国民经济核算体系的单一指标测算法、基于生活质量和社会发展的指数测度法、基于生活满意度的测算法中，选取了第二类方法来衡量城乡居民福利差异问题。由于本书主要研究城乡居民经济方面的福利差异，从数据获取难易角度，这里选用了能直接反映城乡居民经济与生活差异的"经济结构"和"生活质量"两个维度，从收入差距、生活消费、文化教育、医疗保健差异四个方面来衡量各地区城乡居民经济福利水平差距，指标体系构建见表 5-3。

表 5-3 城乡居民福利差异指数的指标构建及权重

衡量维度	具体指标	指标描述	平均权重
经济结构	城乡居民收入差异	农村居民人均纯收入/城镇居民可支配收入	0.26
	城乡居民生活消费支出差异	农村居民人均消费支出/城镇居民人均消费支出	0.26
生活质量	城乡居民文化教育差异	农村居民人均文化教育支出/城镇居民人均文化教育支出	0.24
	城乡居民医疗保健差异	农村居民人均医疗保健支出/城镇居民人均医疗保健支出	0.24

为了计算城乡居民福利差异指数 W，先将衡量 W 的四类指标无量纲化。这四个指标均属于正向指标，按照公式 $W_i = \dfrac{A_i - MIN_i}{MAX_i - MIN_i}(i=1,2,3,4)$ 计算出维度值 W_i，该式右侧字母含义同式（1），MIN 表示最小值，MAX 表示最高值。多个维度的福利差异总指数 W 的计算公式则为：

$$W = 1 - \frac{\sqrt{(w_1-W_1)^2+(w_2-W_2)^2+(w_3-W_3)^2+(w_4-W_4)^2}}{\sqrt{w_1^2+w_2^2+w_3^2+w_4^2}} \cdots\cdots(3)$$

W 值越大即指数越大，则城乡居民福利差异越小。在确定各指标权重时，首先运用"等权重法"将城乡居民福利分配差异指数 W 的四个指标的权重均设为 1，然后运用上述提及的"变异系数法"来判定等权重法的赋值是否合理，最后根据"变异系数法"的结果对等权重法的赋值合理性进行调整，得到

平均权重，见表5-3。

得到四个指标的平均权重后，发现四个指标都比较接近，所以这里采用"等权重法"设定权重比较合理，福利差异指数 W 的计算公式就可表示为：

$$W = 1 - \frac{\sqrt{(1-W_1)^2 + (1-W_2)^2 + (1-W_3)^2 + (1-W_4)^2}}{2} \cdots\cdots(4)$$

这里的 W 值越大，说明城乡福利差异越小（W 为 1 时完全趋同）。经过计算，得到我国各省（市、自治区）在 2007—2015 年的城乡居民经济福利差异指数及排序见表5-4。

表5-4 2007—2015年我国各地区城乡居民福利差异指数 W 及排名

省份	2007	2008	2009	2010	2011	2012	2013	2014	2015
北京市	0.738 (3)	0.771 (3)	0.774 (1)	0.728 (1)	0.816 (1)	0.731 (3)	0.751 (1)	0.781 (2)	0.817 (1)
天津市	0.301 (20)	0.387 (19)	0.242 (23)	0.301 (21)	0.521 (11)	0.615 (7)	0.648 (6)	0.660 (7)	0.690 (6)
河北省	0.382 (15)	0.501 (13)	0.350 (14)	0.454 (10)	0.562 (8)	0.578 (9)	0.591 (8)	0.587 (9)	0.612 (9)
山东省	0.517 (8)	0.574 (8)	0.411 (10)	0.457 (8)	0.602 (7)	0.590 (8)	0.612 (7)	0.606 (8)	0.623 (8)
海南省	0.310 (19)	0.472 (15)	0.265 (21)	0.282 (23)	0.346 (23)	0.301 (25)	0.342 (20)	0.354 (25)	0.377 (24)
福建省	0.472 (11)	0.531 (11)	0.423 (9)	0.423 (12)	0.485 (13)	0.478 (13)	0.491 (12)	0.517 (12)	0.502 (15)
上海市	0.887 (1)	0.700 (5)	0.711 (3)	0.663 (5)	0.721 (5)	0.731 (4)	0.731 (4)	0.755 (3)	0.776 (3)
江苏省	0.668 (4)	0.768 (4)	0.621 (5)	0.672 (4)	0.806 (2)	0.742 (1)	0.736 (3)	0.782 (1)	0.807 (2)
浙江省	0.821 (2)	0.761 (5)	0.748 (2)	0.724 (2)	0.801 (3)	0.672 (5)	0.688 (4)	0.726 (4)	0.752 (4)
广东省	0.182 (27)	0.313 (23)	0.163 (26)	0.213 (25)	0.325 (24)	0.313 (24)	0.347 (19)	0.427 (20)	0.447 (19)
辽宁省	0.512 (9)	0.581 (7)	0.475 (7)	0.451 (9)	0.541 (10)	0.484 (14)	0.512 (10)	0.536 (11)	0.527 (13)
吉林省	0.541 (7)	0.583 (6)	0.538 (6)	0.501 (6)	0.690 (6)	0.664 (6)	0.672 (5)	0.692 (6)	0.680 (7)
黑龙江	0.628 (5)	0.831 (1)	0.701 (4)	0.712 (3)	0.755 (4)	0.725 (2)	0.731 (2)	0.717 (5)	0.704 (5)
安徽省	0.361 (17)	0.452 (17)	0.342 (17)	0.350 (15)	0.446 (16)	0.375 (22)	0.375 (18)	0.414 (22)	0.401 (23)
山西省	0.404 (14)	0.522 (12)	0.381 (11)	0.422 (11)	0.463 (15)	0.501 (12)	0.520 (9)	0.514 (3)	0.545 (10)
江西省	0.551 (6)	0.541 (10)	0.432 (8)	0.461 (7)	0.552 (9)	0.522 (10)	0.500 (11)	0.513 (14)	0.536 (11)
河南省	0.362 (16)	0.443 (18)	0.300 (19)	0.311 (19)	0.421 (20)	0.410 (18)	0.424 (15)	0.447 (19)	0.434 (21)
湖北省	0.454 (12)	0.542 (9)	0.371 (12)	0.410 (13)	0.501 (12)	0.512 (11)	0.516 (9)	0.548 (10)	0.535 (12)
湖南省	0.411 (13)	0.502 (14)	0.352 (13)	0.371 (14)	0.480 (14)	0.470 (15)	0.485 (12)	0.495 (15)	0.453 (17)
广西	0.220 (26)	0.251 (28)	0.187 (25)	0.163 (27)	0.232 (28)	0.256 (27)	0.272 (22)	0.313 (27)	0.326 (27)
重庆市	0.121 (29)	0.231 (29)	0.112 (29)	0.140 (28)	0.301 (25)	0.324 (23)	0.354 (19)	0.378 (24)	0.375 (25)
四川省	0.328 (18)	0.373 (20)	0.342 (18)	0.301 (22)	0.415 (21)	0.433 (17)	0.446 (14)	0.449 (18)	0.513 (14)
贵州省	0.031 (31)	0.132 (31)	0.031 (31)	0.104 (30)	0.177 (30)	0.177 (30)	0.201 (25)	0.227 (30)	0.212 (30)
云南省	0.240 (24)	0.281 (26)	0.120 (28)	0.183 (26)	0.222 (29)	0.213 (29)	0.228 (24)	0.245 (29)	0.254 (29)
西藏	0.102 (30)	0.177 (30)	0.041 (30)	0.042 (31)	0.051 (31)	0.058 (31)	0.089 (26)	0.114 (31)	0.121 (31)
陕西省	0.263 (23)	0.302 (25)	0.231 (24)	0.251 (24)	0.314 (23)	0.289 (26)	0.308 (21)	0.321 (26)	0.334 (26)
甘肃省	0.131 (28)	0.257 (27)	0.144 (27)	0.130 (29)	0.283 (27)	0.226 (28)	0.252 (23)	0.275 (28)	0.284 (28)
青海省	0.224 (25)	0.302 (24)	0.283 (20)	0.342 (16)	0.414 (22)	0.462 (16)	0.473 (13)	0.478 (16)	0.461 (16)
宁夏	0.348 (18)	0.323 (22)	0.272 (22)	0.331 (18)	0.388 (22)	0.391 (21)	0.403 (17)	0.412 (23)	0.411 (22)
新疆	0.285 (22)	0.354 (21)	0.312 (18)	0.334 (17)	0.416 (19)	0.404 (19)	0.414 (16)	0.422 (21)	0.451 (18)
内蒙古	0.501 (10)	0.467 (16)	0.342 (16)	0.310 (20)	0.432 (17)	0.393 (20)	0.414 (17)	0.453 (17)	0.446 (20)

注：括号里的是排名。

由表5-4分析得，2007—2015年各地区城乡居民福利差异指数整体上是上升的，说明我国城乡居民福利差距越来越小。同样按现行的区域划分方法，我们分析东、中、西部和东北四个地区，发现东部10个省（市）中，北京、天津、上海、江苏、浙江、山东和河北基本上排名前10，还囊括了全国的前4名，另外广东、福建和海南排名偏中等水平。整体看来，我国东部地区城乡居民福利差距比较小；东北地区总体情况也比较好，2015年吉林及黑龙江位居前10名，辽宁省也比较靠前；中部六省（市）中山西、江西、湖北排名比较靠前，在全国范围内基本上处于中等偏上水平；西部12个省（市或自治区）除了四川省外，平均水平在15名之后，均比较落后，所以我国西部地区城乡居民福利差异指数小，对应城乡居民福利差距大，表明经济越不发达，城乡居民福利差距越大。

第二节　我国农村普惠金融发展影响城乡居民福利差异的效应

为了考察各地农村普惠金融对城乡居民福利差异的影响，本书将采用以上动态面板数据，将农村普惠金融水平与其他影响城乡居民福利的因素作为自变量引入社会福利函数分析框架，建立回归模型：

$$W = W(LRIF, X)$$

其中，W代表城乡居民福利差异指数，$LRIF$表示农村普惠金融发展水平，X为影响福利水平的其他因素。由于居民的经济福利水平也受到了经济发展、教育文化等方面的影响，所以本书引入经济发展水平指标GDP（各省人均GDP，简称PGDP）、教育文化指标（EDU，以总人口中每万人在校中学生人数表示）、产业结构（以第二、三产业增加值占当期国内生产总值的占比表示，简称IS）和政府财政支出占当期GDP比重（简称GEB）作为其他变量，变量值见第五部分表5-10。

由于考察不同省（市、自治区）在不同时间点上的农村普惠金融发展水平与城乡福利差异的关系，牵涉到不同的横截面和时间序列，因此这里采用面板数据模型较合适。模型设定的基本形式为：

$$W_{i,t} = \alpha_i + \beta^t X_{i,t} + u_{i,t} \cdots\cdots(5)$$

其中，i表示截面个数，t为变量考察的时期数，$W_{i,t}$为回归变量，本文是指城乡福利差异指数。$X_{i,t} = (X_{i,t}^1, X_{i,t}^2, \cdots, X_{i,t}^k)$为向量，$k$为解释变量个数，$\alpha_i$ 表示截距，斜率系数 $\beta=(\beta^1,\beta^2,\cdots,\beta^k)$。

根据截距项的不同，面板数据通常有混合模型、固定效应模型及随机效应模型。首先对模型的设定形式进行检验，主要是检验模型参数在所有横截面样本点和时间点上是否具有相同的常数。这里使用 F 检验和 Hausman 检验，根据样本数据，针对原假设分别进行检验，以选择合适的面板数据模型，检验结果显示：模型均是 P<0.05，拒绝建立混合模型。同时，Hausman 检验结果显示，模型均是 P<0.05，应建立个体固定效应模型。分析结果见表 5-5。

表 5-5 农村普惠金融与城乡居民福利差异指数的面板数据分析

变量	全国	东部	中部	西部	东北
lnLRIF	0.317* (0.0326)	1.220* (0.0210)	1.108* (0.0361)	0.308 (0.1139)	0.808* (0.0414)
lnPGDP	0.167** (0.0000)	1.635** (0.0021)	0.019** (0.0008)	0.197** (0.0101)	0.158** (0.0025)
lnIS	1.376** (0.0012)	1.272** (0.0070)	0.362** (0.0059)	0.273** (0.0071)	0.247** (0.0024)
lnEDU	−0.059 (0.3742)	−2.991 (0.5988)	−0.437 (0.6251)	−0.173 (0.0770)	−0.145 (0.06124)
lnGEB	0.704* (0.0321)	0.713* (0.0382)	1.121* (0.0110)	1.282* (0.0184)	0.422* (0.0412)
α	−0.865 (0.0989)	2.041 (0.0522)	0.079 (0.9475)	−0.479 (0.3325)	0.045 (0.2342)
选择面板类型	时点固定效应	个体固定效应	个体固定效应	个体固定效应	个体固定效应
观测数	279	90	54	108	27

注：括号里的数值为 P 值，*代表在 5% 置信水平下显著，**代表在 1% 置信水平下显著。

从表 5-5 的分析结果可以看出：①从全国范围看，农村普惠金融水平在 5% 置信水平上与城乡居民福利差异指数正相关，即农村普惠金融发展缩小了城乡居民福利差距。②从全国层面看，居民人均 GDP 和第一、二产业增加值占 GDP 的比值，以及地方政府财政支出占 GDP 的比重与城乡居民福利差异指数显著正相关，其中中、西部地区财政支出变量影响 W 的效果显著程度明显要高。而各地区每万人中在校中学生人数与城乡居民福利差异指数无显著关系。③从区域效应看，我国东部、东北部以及中部地区的农村普惠金融发展水平和城乡居民福利水平差异指数存在显著的正相关关系，与全国层面的分析结

第五章　农村普惠金融发展影响区域城乡居民福利差异的测度

果一致，显著程度依次为东部、中部及东北部；西部地区的农村普惠金融发展水平和城乡居民福利差异之间的关系不显著。

第三节　主要研究结论

本实证研究主要结论如下：第一，对农村普惠金融发展水平的研究分析发现，各地区农村普惠金融总体发展水平尚低，但在不断提高，从区域角度验证了第五部分的实证结论，即我国各地区农村普惠金融总体上越过了完全的金融排斥阶段，向发展的初级阶段迈进；同时也发现，各地区农村普惠金融发展水平并不均衡，东部情况要好于中部和东北部，总体来看西部普惠金融发展水平最低，而西部本身内部各省份也存在较大的差异。第二，通过对各地区城乡居民福利水平差异的研究分析，得知中国城乡居民福利水平差异的区域效应明显，并且大体上经济欠发达地区差异更大。第三，在全国层面上，农村普惠金融发展水平对城乡居民福利水平差异指数呈显著的正相关关系，即总体上农村普惠金融发展水平的提高，缩小了城乡居民福利水平的差距。

此外，研究还发现，西部地区农村普惠金融发展水平与城乡居民福利水平差异没有显著关系。究其原因，可能是西部地区的普惠金融供给与需求错配最为严重，金融机构基本上都云集在大城市，服务对象是大型工商企业，并没有很好地服务于农民、农村小微企业，尤其是其中的低收入群体。尽管西部地区近几年在局部（如四川、重庆）增设了一些新型农村金融机构，但其农村普惠金融总体水平并不高，区域内发展又最不均衡，农村信贷资源可获得性最差，城乡差距也相对要大一些，因此改善程度并不显著。

最后，通过纳入其他控制变量的实证研究，我们也可以发现，同第五部分研究结果大体一致，产业结构因素、人均 GDP 及财政支出也能改善城乡居民福利差异，教育因素则不显著。因此，大力提升人均 GDP 水平，优化产业结构，加大政府对贫困地区财税支持及转移支付力度，实施教育资源均等化战略，将其作为农村普惠金融发展改革的重要补充或配套政策，对于缩小不发达地区城乡居民福利差异的作用也是不可忽视的。

第六章 农村普惠金融统筹城乡发展的抽样调查研究

我国城乡地域辽阔,除了有34个省级单位及333个地级单位,还有县级单位2862个。各地城乡统筹发展的水平及普惠金融发展水平各异。囿于时间、人员及经验限制,我们只能采取抽样调查的方式,选择部分农村县域单位进行抽样调查。抽样调查的好处在于:在设计农村普惠金融与城乡统筹指标体系时更具有灵活性、全面性和针对性,能够弥补各种统计年鉴的不足。由于第六部分实证表明中部地区普惠金融促进城乡统筹的效果相对比较明显,再加之我们的调查人员(湖北大学大学生)基本来源于中部,因此本调查主要针对中部地区部分县(市)进行。调查时间为2013年7月,采取学生分组分散调查的形式。

第一节 调查指标体系、地点选择及描述性统计

在调查普惠金融发展水平时,考虑了三个等权的维度,并设计了八类具体指标,见表6-1。这三个维度依次是:①金融部门渗透性(Accessibility)。包括农村金融机构地理渗透和人口渗透指标,以万人农村金融机构网点数,以及万人拥有农村金融机构服务人员数来衡量。②农村金融产品服务可获得性(Availability)。包括人均拥有存款账户数、农村人均存款额,以及人均拥有银行卡数。③农村金融产品覆盖面与使用(Coverage and Usage)。指标包括农村人均贷款额,获得贷款的农户比例,以及人均银行卡使用与转账次数。

在调查城乡统筹水平时,构建了目标层城乡统筹福利指数WIBUD,维度层三个,包括城乡经济统筹度(D)、城乡社会统筹度(E)、城乡生活统筹度(F),以及12个指标层。许多文献纳入环境统筹因素,这里认为一般农村比城市污染少、绿化面积大,因此放弃这一因素。

第六章 农村普惠金融统筹城乡发展的抽样调查研究

农村普惠金融三维指标及城乡统筹发展三维指标体系设计见表6-1。

表6-1 中部6省农村普惠金融水平与城乡统筹抽样调查指标体系

农村普惠金融水平三维指标		城乡统筹发展水平三维指标	
三维度	具体指标	三维度	具体指标
金融机构地理渗透和人口渗透指标（A）	A_1：万人金融机构网点数（个）	城乡经济统筹（D）	D_1：城乡居民人均年收入比
	A_2：万人拥有金融机构服务人员数（人）		D_2：城乡固定资产投资额比
			D_3：城乡人均储蓄比
			D_4：城乡恩格尔系数比
金融产品服务可获得性（B）	B_1：人均拥有存款账户数（个）	城乡社会统筹（E）	E_1：城乡千人拥有执业医师数比
	B_2：人均存款额（万元）		E_2：城乡医疗保险支出比
			E_3：城乡居民人均住宅建筑面积比
	B_3：人均拥有银行卡数（张）		E_4：城乡就业人数占总人口比重之比
金融产品覆盖面指标（C）	C_1：人均贷款额（万元）	城乡生活统筹（F）	F_1：城乡人均文教娱乐用品及服务比
	C_2：获得贷款居民户比例（%）		F_2：城乡每百户居民耐用消费品拥有量比
			F_3：城乡平均每人每年消费支出比
	C_3：人均银行卡使用与转账次数（次）		F_4：城乡每百户固定电话期末用户比

在调查地点选择上，选取了中部6省18县（市）部分农村与城镇地区。

具体县（市）的选择考虑了两方面情况：一是调查人员。根据湖北大学学工处及湖北大学商学院学工办的资料，我们得知学生生源所在地主要集中在中部，为方便就地调查，我们选取了拥有生源4人以上的县（市）；二是第十三届全国县域经济与县域基本竞争力百强县排名（2013），结合调查人员的情况，我们有意拉开所调查县市排名级差，以考察农村普惠金融发展、城乡统筹发展与经济发展三者间的关联。

综合上述因素，湖南省选取了排名第18位的长沙县，排名第68位的宁乡县，非百强县资兴市；河南省选取排名第63位的巩义市，排名第92位的永城市，非百强县林州市；山西省选取了排名第66位的孝义市，及非百强县繁峙县与和顺县；江西省选取了排名第 82 位的南昌县，排名第 97 位的丰城市，及非百强县吉安县；安徽省选取了排名第 90 位的肥西县，及非百强县灵璧县与宿松县；湖北省无百强县，按 2012 年湖北县市经济排名，选取湖北经济排名第 2 的大冶市，排名 33 位的松滋市及排名 61 位的监利县。调查人员是生源为上述各县（市）的湖北大学各年级本科生 72 人，每县（市）城镇调查人员 2 人负责组织城镇调查，农村调查人员 2 人负责组织农村调查，每人要求完成有效问卷 50 份，采取生源所在地就地调查形式，实施有效问卷调查 3600 份。关于"城""乡"的划分，由于缺乏统一的标准，找到统一的统计口径比较困难，因此遵循通行做法，本调查中认定城市包括城市和城镇，乡镇、村即为农村。问卷调查表见附表 1。调查对象基本情况见表 6-2。

表 6-2 调查对象基本情况

调查项目	农村居民（平均值）	城镇居民（平均值）
人口（劳动力人口）（人） 　其中：就业人口（人）	6（4） 4	4（3） 2
家庭年大致收入（万元）	7.3	14.6
家庭年支出（万元） 　其中：食品支出占比（%） 　　　　医疗保障支出占比（%） 　　　　文教娱乐支出占比（%）	4.5 54.6 18.0 15.5	6.3 43.4 23.5 25.8
人均存款（万元）	2.2	3.5
人均贷款（万元）	0.83	2.35
获得贷款的居民比率（%）	9.3	18.5
人均存款账户数（个）	0.25	1.05
人均拥有银行卡数（张）	0.45	1.25
人均银行卡使用与转账次数（次/年）	5.5	15.7
近五年固定资产投资支出（万/户）	3.5	12.5
家庭耐用消费品价值（万元/户）	8.8	9.5
手机及固定电话拥有量（部/户）	5	4

36 人调查地为农村，共调查农村居民 1800 户。受调查人员中，具备初中及以上学历者占 12.5%；家庭平均人口 6 人，其中劳动力或就业人口 4 人；家庭平均年收入大致为 7.3 万元，其中农业收入约 2 万元；家庭年均支出 4.5 万元。另外 36 人调查地为城镇，在受调查人员中，具备初中及以上学历者占

85.3%;家庭平均人口 4 人,其中劳动力或就业人口 2 人;家庭平均年大致收入 14.6 万元,家庭年均支出 6.3 万元。具体详细信息见表 6-2。

调查数据经过处理之后,统计资料描述见表 6-3。

表 6-3 各指标变量的描述性统计

指标	统计数	最小值	最大值	均值	标准差	Cronbach's Alpha	CITC
A_1	18	0.12	3.52	0.65	0.7541	0.512	0.589
A_2	18	1.25	45.26	18.37	5.464	0.553	0.612
B_1	3600	0.85	1.25	1.05	0.452	0.785	0.685
B_2	3600	2.75	8.73	4.57	8.87	0.852	0.882
B_3	3600	0.85	2.34	1.25	0.45	0.756	0.777
C_1	3600	1.58	2.87	1.75	0.70	0.751	0.721
C_2	3600	1.52	3.24	2.65	0.87	0.653	0.751
C_3	3600	2.50	20.46	12.75	9.58	0.681	0.788
D_1	18	2.31	6.15	3.32	9.045	0.587	0.620
D_2	18	5.74	12.41	7.72	4.421	0.487	0.511
D_3	18	2.51	5.95	4.45	8.720	0.625	0.663
D_4	18	0.85	0.97	0.88	0.452	0.587	0.682
E_1	18	2.15	4.45	3.27	0.554	0.759	0.677
E_2	18	3.24	6.17	4.77	3.521	0.684	0.751
E_3	18	0.36	1.27	0.78	9.982	0.588	0.637
E_4	18	0.53	0.87	0.72	3.255	0.685	0.726
F_1	18	2.13	4.26	3.34	0.894	0.752	0.799
F_2	18	1.05	3.24	1.07	4.423	0.651	0.710
F_3	18	1.14	3.58	2.15	0.952	0.551	0.622
F_4	18	2.32	5.16	3.78	0.785	0.621	0.701

注:A_1 与 A_2 指标实际上为 18 县(市)统计数,A_1—C_3 单位见表 6-1;D_1—F_4 指标按各县(市)城镇指标平均值/农村指标平均值计算得到,共 18 组。

第二节 对调查数据的相关性测度

本项调查的样本数并不足够大,而且是类似随机采点的调查形式,因此进行计量测试前有必要进行简单的信度分析。信度分析的主要目的是测算调查指标在内容与时间上是否具备稳定性与一致性,以保证问卷本身的真实可靠,以及数据成果的科学有用。学界通常以 Cronbach's Alpha 值以及 CITC 来衡量。对于 Cronbach's Alpha 值,其可信区域值为 0.4 以上,大于 0.7 则为很可信,在 0.4 与 0.5 之间为稍微可信,在 0.3 与 0.4 之间为勉强可信,如果小于 0.3 则不可信。CITC 则以是否大于 0.50 作为判断标准,如果大于 0.50 则可信度高。运用 SPSS21.0 统计软件对问卷指标进行信度分析,得到 Cronbach's Alpha 值以及 CITC 值,见表 7-3。结果显示除了 D_2(0.487,为稍微可信)之外,各变量的 Cronbach's Alpha 值介于 0.551 和 0.852 之间,CITC 值位于 0.511 和 0.882 之间,具备可信性。

此外,本书设计的问卷调查的量表和维度指标均参考了国内外关于测度农村普惠金融与城乡统筹的研究成果及通行做法,具备较好的内容效度与准则效度,因此,在调查分组、指标体系设计方面能够满足测度的需求,可以尝试进行一下定量分析。基本思路是,首先测度调查地区农村普惠金融发展水平,测算出农村普惠金融指数 LRIF,然后测算该地区的城乡统筹福利指数 WIBUD(Wafare Index of Balanced Urban – rural Development),继而进行相关性分析。

在进行农村普惠金融指标的权重设计时,考虑到各指标单位不统一,因此仍采用第五部分 Mandira Sarma 构建的模型进行测算。在指标设计时,为简化分析,将三个维度的权重各设为 1/3,具体 8 个指标中,除了 A_1 与 A_2 各设为 0.5 外,其他指标的权重也均设为 1/3,按照第六部分的方法测算得到各县(市)农村普惠金融水平值见表 6-4。

在测算城乡统筹福利水平时,由于构建的指标较多,采用了层次分析法(GCA)。根据 GCA 分析步骤,首先构造判断矩阵,结合两两比较及美国学者 T.L Saaty 教授提出的 1~9 标度法,对各指标重要性进行赋值,其次,将标准矩阵归一化处理后按行求平均值得到指标层权重,经计算,维度层的一致性比率均小于 0.1,通过一致性检验。最后,对调查数据进行无量纲化处理,以消除因指标单位及统计口径差异带来的不可比性,据此选取参考序列,计算关联系数,并将各指标关联系数相乘得到调查地区的城乡统筹福利指数,结果见表 6-4。

表 6-4 调查县(市)LRIF 及 WIBUD 测度

省份	县(市)	LRIF	WIBUD	省份	县(市)	LRIF	WIBUD
湖北省	大冶市	0.54	0.48	江西省	南昌县	0.58	0.62
	松滋市	0.22	0.37		丰城市	0.47	0.55
	监利县	0.12	0.32		吉安县	0.17	0.31
湖南省	长沙县	0.62	0.67	安徽省	肥西县	0.55	0.56
	宁乡县	0.22	0.52		灵璧县	0.24	0.38
	资兴市	0.31	0.32		宿松县	0.32	0.45
河南省	巩义市	0.36	0.42	山西省	孝义市	0.52	0.46
	永城市	0.15	0.54		繁峙县	0.37	0.34
	林州市	0.17	0.34		和顺县	0.11	0.38

注:城乡统筹福利指数包含了城乡经济统筹、城乡社会统筹、城乡生活统筹福利。

表 6-4 显示,从 18 县(市)农村普惠金融发展水平看,除了湖南的宁乡县与资兴县,河南的永城市与林州市,以及安徽的灵璧县与宿松县,总体来说经济发展排名在前的县(市)农村普惠金融指数也较高;从城乡统筹发展角度看,除了河南的巩义市与永城市,安徽的灵璧县与宿松县,以及山西省的繁峙县与和顺县,总体来说经济发展排名在前的县(市)城乡统筹度也相对较高。

以下对普惠金融指数与城乡统筹度的关系作简单的计量检验。鉴于本调查数据为非时间序列截面数据,因此对 LRIF 与 WIBUD 作变量回归及相关性检验。回归方程如下:

WIBUD=0.3245LRIF+0.048,R^2=0.6930

WIBUD 与 LRIF 两个变量在 0.01 水平(双侧)上相关。可见,LRIF 与 WIBUD 具有一定程度的相关性,普惠金融水平每提升 1 个单位,城乡统筹度将有 0.3245 个单位的提升。

由于 LRIF 与 WIBUD 相关的决定系数还不够大,我们进一步测算影响 WIBUD 的因素。鉴于被解释变量 WIBUD 介于 0 与 1 之间,可以选择最大似然估计法,运用 Tobit 模型或称截尾样本模型进行回归分析与相关性分析。Tobit 计量模型如下:

$$Y_i^* = \alpha_l + \sum_{j=1}^{6} \beta_{lj} x_{lj} + \varepsilon_l$$

式中，Y_i^* 是城乡统筹福利指数 WIBUD，i 为市（县）个数，$i=1, 2, \cdots, 18$，j 表示影响 WIBUD 的因素，$j=1, 2, \cdots, 8$。

结合城乡统筹的发展特点及调查地区经济发展情况，同时考虑统筹城乡发展重点是从农村入手，因此选择了五类专门针对农村家庭的抽样调查统计指标：①农村居民人均收入的对数值（X_1）；②农村居民平均受教育水平（X_2），以文教支出占总支出比重计；③农业收入占总收入比重（X_3）；④非农人口占总人口比重（X_4）；⑤农村家庭恩格尔系数（X_5 即食品支出占消费支出比重）。此外，纳入三类农村普惠金融发展指标：①农村存款资源运用水平（X_6），以所在县（市）样本农村家庭贷款总额与存款总额之比表示，反映金融机构将农村存款转化为农村贷款的效率；②人均银行卡使用与转账次数的对数值（X_7），反映农村家庭对金融资源使用程度；③农村金融机构网点数的对数值（X_8），反映银行渗透性。以上 8 类变量均取各县（市）调查平均值。

分析中以 18 个县（市）的 WIBUD 为因变量，利用 Eviews 软件运用逐步回归方法，剔除了影响不显著的变量 X_2、X_5、X_8 后回归结果见表 6-5。

表 6-5 WIBUD 影响因素的 Tobit 回归模型结果

Variable	Coefficient	Std. Error	Z-Statictic	Prob.
α	0.120	0.145	5.425	0.0058
X_1	0.154	0.034	7.584	0.0012
X_3	-0.075	0.044	-3.752	0.0022
X_4	0.087	0.079	5.877	0.0057
X_6	0.063	0.037	2.457	0.0048
X_7	0.057	0.425	6.521	0.0037

结果显示，除了农村居民人均收入、农业收入占总收入比重及非农人口比重外，两个普惠金融发展变量 X_6 与 X_7 通过了 1% 显著性检验，即农村存款资源运用水平与人均银行卡使用与转账次数对城乡统筹发展具有正向促进作用，说明农村储蓄资源转化为农村贷款的有效性及农村家庭对金融资源的使用效率有利于实现城乡统筹发展。

第三节 农村普惠金融提升城乡居民福利的评价：满意度调查

为了评价调查地区农村普惠金融发展促进城乡居民福利改善的情况，我们在直接询问法的基础上采用了常用的基于生活满意度的测度方法。根据调查问卷反映的情况，我们设置了金融可及性与便利性、价格合理性、金融服务全面性三个核心要素来衡量调查地区城乡居民对金融服务的满意程度。金融可及性（或可获得性）是普惠金融服务对象可感知的最核心指标，可以通过成年人在理论上可获得相关金融服务的多少来衡量，而便利性则是在可及性前提下，衡量获得金融服务的时间成本、空间成本和交易成本，此项主要通过附表1中的第8小题、第9小题来反映；价格合理性要彰显无价格排斥和歧视现象，可以由贷款利率这一成本指标来衡量，此项主要通过调查表附表1中的第6小题来反映；全面性或称覆盖度，衡量城乡居民在传统的存取贷汇业务之外，在保险、支付结算、金融教育、理财、担保等方面的多样化程度，主要通过调查附表1中的第10、第11、第13等小题加以反映。对于满意度，我们设置了三个档次：满意、一般满意和不满意。我们将"没有感到存在这方面的问题"归入满意一类，将"还可以、过得去"归入一般满意一类，将"存在这方面的问题"归入不满意一类，根据调查数据，归类见表6-6。

表6-6 城乡居民普惠金融满意度调查

衡量项目	农村居民（户数）			城镇居民（户数）		
	满意	一般满意	不满意	满意	一般满意	不满意
金融服务可及性与便利性	552	720	528	785	852	163
价格合理性	350	610	840	555	685	560
金融服务全面性	526	628	646	788	876	136

满意度是指事前期望与实际得到感受的相对关系，通过对评价分值的加权计算得到。为了计算满意度，我们设满意分值为100分，一般满意分值为70分，不满意分值为0分。三个单项满意度得分采取等权平均方法按下式进行计算：

满意度＝"满意"比重×100＋"一般满意"比重×70＋"不满意"比重

×0

由此得到农村居民三项满意度得分分别为 58.7 分、43.2 分及 53.6 分；城镇居民三项满意度得分分别为 76.7 分、57.5 分及 77.8 分。对比情况如图 6-1 所示。

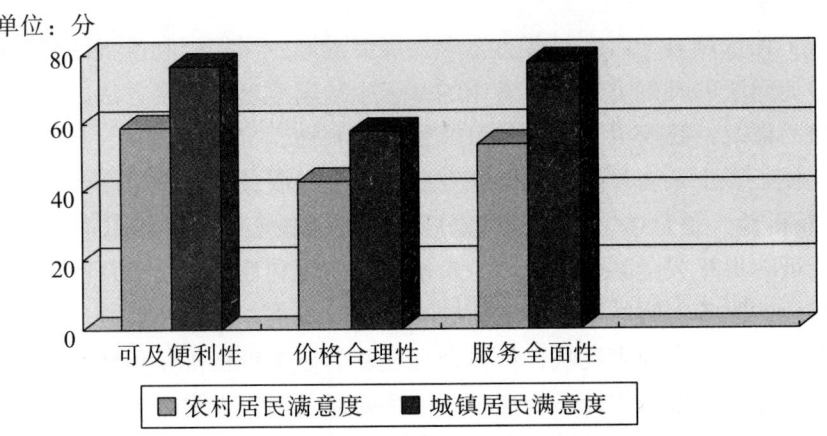

图 6-1 调查样本中城乡居民对金融服务的满意度

图 6-1 表明，农村居民在普惠金融发展的三个方面都要低于城镇居民，得分最低的为"价格合理性"，一定程度上反映出金融服务价格偏高，居民觉得融资贵、金融服务贵。此外，从总体看，城乡居民在三个层面上的得分都没超过 80 分，反映调查样本所在地区县域农村普惠金融服务水平不能很好地满足城乡居民需求。

第四节 调查县（市）农村普惠金融与城乡统筹发展现状与问题

从调查资料统计所反映的情况看，主要存在以下几个问题。

一、调查样本反映调查所在地区城乡差距较大

城乡家庭年纯收入比大致为 2.68∶1，农村恩格尔系数仍然较高（54.6%），正从温饱向小康迈进；城镇恩格尔系数为 43.4%，基本可认为达到了小康水平；从家庭年支出看，农村家庭医疗保障支出及文教娱乐支出比率

要小于城镇居民,尤其在文教娱乐支出方面,农村居民的主要支出为孩子上学读书,这是一笔不小的负担,但反映出城乡在统筹发展过程中,文化统筹是一个瓶颈。此外,在人均存款、固定资产投资方面,农村居民也少于城镇居民,对于后者主要是住房投资。在家庭耐用消费品价值、手机及固定电话拥有量方面,城乡数据比较接近,但农村家庭网线安装率不到10%,而城镇这一比率达到了65%。

二、调查所在的县域农村地区,金融服务普惠程度低下

首先是农村乡镇的金融机构网点布局、从业人员少,按调查所在地人口数(据当地统计资料得)及金融机构布局情况计算,平均每万人金融机构网点数仅为0.65个,拥有金融机构服务人员18.37人,有些村镇仅有一两家农业银行或农村信用社营业点,如湖北监利县毛市镇丁家村、杨湾村,安徽省宿松县许岭镇宏兴村,湖南省资兴市宝源矿碑记乡等地,农村地区距离镇金融服务网点较远,有的需要跑十几里山路,部分镇政府所在地甚至只有一家金融机构网点,ATM也基本没有开通。许多金融网点服务也仅是一般的存取汇兑业务,很少有创新性的支持农村个人及小企业贷款的做法。大约95%的受调查者认为银行的贷款支持及金融服务的便利度能够有效缩小城乡差距。

三、农村居民得到的金融服务远逊于城镇居民

农村居民在金融资源的服务可得性、使用程度方面远远不及城镇居民。农村居民从金融机构获得贷款很少,除了抵押物缺乏导致信用级别不够等原因外,他们倾向于向亲戚朋友借款甚至求助于高利贷。调查样本农户获得贷款的比率仅为9.3%,远远低于城镇居民的比率。此外,农村居民人均存款账户数、人均拥有银行卡数、人均银行卡使用与转账次数都远远少于城镇居民。调查人员在安徽省宿松县许岭镇宏兴村、江西省吉安市永新县老居村、下段村、山西省繁峙县铁家会村、大(小)李牛村,以及湖北监利县毛市镇丁家村等地发现,这些地区居民贷款意愿都很低,他们普遍认为贷款手续复杂、难度大;除了外出打工的年轻人,基本上不拥有银行借记卡,转账汇款还依赖传统的邮局汇款方式。

四、农村居民对普惠金融需求缺口巨大

调查了解到,农村居民对普惠金融的需求具有急迫性、多样化特征。急迫性是指农户及农村小微企业急需金融服务的支持。随着创新创业精神从城市传递向农村,以及城市部分产业向村镇转移,家庭农场、各类农村经济组织如雨后春笋般涌现,农村不乏好的投资项目、投资机会,迫切需要资金的支持;多样化是指农户对金融服务的需求突破了传统的借贷业务,扩展到了转账、汇兑、网上银行、手机银行、自助终端等电子支付,以及商业保险等各个方面,对金融产品与服务存在着差异化需求。

第一,是对金融服务便利性的需求。样本中,69%的农村居民及56%的城镇居民对金融服务设施、网点布局不满意,地理距离较偏远、网点数少是主要原因。此外,银行家数单一,主要是邮政储蓄银行、农村商业银行,一些在城市打工的年轻人表示向农村汇款很不便利,体现出城乡之间固有的金融市场割裂特性。第二,是对低成本贷款及优质金融服务的需求。城乡居民对于金融机构贷款利率的合理性不满意者分别高达31%及81%,主要原因在于,许多本该以农村为重点服务领域的农村商业银行等机构一年期贷款利率高达8%甚至更高,而且手续繁杂,出于便利,农户不得不依赖于亲戚借贷甚至求助于高利贷。第三,是对全方位金融服务的多样化需求。目前,城乡居民需要与其生产生活实现"无缝对接"的全方位金融服务,包括移动支付、网上购物及转账支付、投资理财等非传统、自动化智慧、体验度高的金融服务。"智慧金融生活时代"下实现一站式"移动"金融生活也为农村居民所渴求。但在许多城镇,金融基础设施、网络建设不完善,难以拓展金融服务宽度,完成金融服务在农村"最后一公里"的切入。第四,是对金融教育及金融消费者权益保护方面的需求。农村居民对于金融产品与服务的风险意识和责任意识比较淡薄,法制意识不强。但城镇农村金融机构很少下乡宣传金融知识,服务于城市大客户的思维方式仍然难以转变。鉴于此,增强农村广大受众的金融意识、普及金融知识,显得十分迫切。

第五节 调查研究结论

本章在对中部6省18县(市)农村及城镇家庭进行抽样调查的数据基础

第六章 农村普惠金融统筹城乡发展的抽样调查研究

上对农村普惠金融水平及城乡统筹水平进行了实证，虽然存在样本偏小、难以全面覆盖城乡整体情况，但调研及实证结果还是揭示了以下结果：

第一，调查样本所在的我国中部地区部分县（市）农村普惠金融水平低下，城乡统筹发展一体化程度不高，各方面差距仍然较大。由于金融机构网点布局少、金融知识宣传不到位，以及金融机构对农村业务的不重视等原因，导致农村金融服务供给不足，农村居民对普惠型金融需求缺口巨大，城乡居民的金融服务满意度存在较大差距，这些因素都制约了城乡统筹水平的提高。

第二，虽然少数县（市）经济发展水平高并不必然带来农村普惠金融发展水平与城乡统筹福利水平的提高，但总体来说经济发展与普惠金融及城乡统筹发展呈正向关系。部分地区经济发展较快但导致城乡分配关系扭曲的现象值得关注。

第三，农村普惠金融水平与城乡统筹福利水平之间呈现比较显著的正相关关系，这与部分学者研究得出的现阶段金融发展反而扩大了城乡差距的结论相反。原因是总体金融发展并没有必然导致金融资源的公平分配，但考虑金融发展异质性的农村普惠金融水平的提高确实为农户、以农村小微企业为代表的各类经济组织提供了有效支持，能有效减少城乡居民收入的两级分化。

第四，农村金融储蓄资源就地向借贷、投资转化能提高普惠金融水平、城乡统筹水平及经济发展水平。

第七章 湖北襄阳谷城县农村普惠金融发展专题调研报告[①]

随着中国经济的高速发展,在现代经济金融高度发达的今天,金融服务已经深入我们经济生活的方方面面,大多数人都享受着不同形式的金融服务。普惠金融为需要金融服务的所有人,特别是那些目前常被商业银行忽视的微小型企业、个体经营者、农户等提供平等享受金融服务的机会和途径,以资金动员手段来促进民生改善、共同富裕,构建和谐社会。但是当前,随着湖北省经济向工业化中期的快速推进,湖北县域经济体中的城乡差距和金融资源配置不当等问题却愈加突出,提升普惠金融发展水平的重要性日益凸显。

为调查湖北农村普惠金融的发展现状,2014 年 8 月,湖北大学商学院"瀚海英华"金融实践团队到湖北省县域经济中的一个典型代表——襄阳市谷城县进行了为期 8 天的深入调研。在这 8 天的调研过程中,实践团队对谷城县委及县商务局领导进行了访问,并实地走访了谷城县的城关镇、庙滩镇、经济开发区、五山镇、石花镇五个乡镇。调研中,实践团队对当地政府机关、各个银行进行深入咨询,获得了第一手资料,并组织召开金融知识座谈会,对各乡镇当地居民发放问卷 500 份,回收 490 份,其中有效卷 473 份。基本上了解了谷城县普惠金融发展现状,为此份调查报告提供了充足的材料和可靠的数据。本次实践活动顺应了党中央的政策导向与研究需求,希望通过实践调研报告的撰写,为完善谷城县乃至湖北省农村普惠制金融体系,解决谷城县乃至湖北省农民、农村小微企业,尤其是其中的低收入群体融资难问题,提高农民收入,缩小湖北县域经济体中的城乡差距,促进城乡统筹发展提供政策参考依据。

---

① 2014 年 8 月 17 日,"瀚海英华"实践团队前往湖北省襄阳市谷城县开展关于普惠制金融发展现状的调研活动。调查团队成员为本校 2012 级金融专业本科生:龚欣然、王强、王晨、张启欣、徐子唯、李承泽、郭珊珊、汪冠群、梅震,课题主持人任指导老师,组织了本团队的调研及撰稿。

第七章　湖北襄阳谷城县农村普惠金融发展专题调研报告

第一节　谷城县经济发展与金融发展情况

谷城县位于襄阳市西部，汉江中游西岸，武当山脉东南麓。2012年谷城县年末总人口（户籍人口）59.3万，其中城镇人口27.57万，乡村人口31.73万。2012年，谷城县生产总值（GDP）达到204.70亿元，按可比价计算，比2011年增长13.6%。其中：第一产业达到29.60亿元，比2011年增长4.7%；第二产业达到121.53亿元，比2011年增长15.9%，其中工业达到114.44亿元，比2011年增长13.9%；第三产业达到53.57亿元，比2011年增长12.6%。城乡收入比大概为3.5∶1，为城乡差距比较大的县。截至2012年底，谷城县金融机构存款余额达到140.06亿元，比2011年增长14.4%。其中：居民储蓄存款98.91亿元，增长20.9%；企业存款34.06亿元，增长10.7%。金融机构贷款余额51.28亿元，增长16.1%。其中：短期贷款32.79亿元，增长18.0%；中长期贷款18.08亿元，增长22.8%。

谷城县主要的惠农贷款机构包括农业银行、农商行、邮政储蓄银行，没有新型农村金融机构。这些机构及农村金融业务主要包括以下几类：

第一，农业银行及其六类主要业务。农业银行承担了较多的政策性贷款业务，这些业务具有贷款周期长、有一定优惠措施等特征，主要有：①"青春惠贷"业务。这是农业银行以农村创业青年为服务对象所发放的贷款项目，主要用于支持其在农村进行创业，发展种植养殖、农产品加工、农产品流通和农村服务业等有发展潜力的创业项目。②扶贫贴息贷款项目。这是中国农业银行根据《中国农村扶贫开发纲要（2001—2010）》，为扶持重点贫困地区经济发展和农村贫困人口脱贫增收而设立的政策性很强的贷款。③季节性收购贷款项目。在农副产品收购旺季，企业因一些农副产品的加工、流通、储备导致收购资金需求较集中、额度大而出现周转资金不足的情况，农业银行向这些企业提供短期流动资金贷款，可以满足其收购资金需求。④农村城镇化贷款。农村城镇化贷款的基本贷款类别为项目贷款，按照还款来源分为城镇化一般项目贷款和城镇化垫支性项目贷款。农业银行为了支持农村城镇化，在县域范围内向借款人发放用于改善县域生产生活条件、提升县域经济承载功能的各类基础设施建设开发贷款。⑤化肥淡季储蓄贷款。这是农业银行根据从事淡季储蓄业务的的借款人申请提供的一种短期流动资金贷款。⑥县域中小企业应收账款质押贷款。这是农业银行以县域中小企业卖方因签订商业合同所产生的应收账款作为质押担保，而向卖方发放的一种短期流动资金贷款。

　　第二，中国邮政储蓄银行。除一般存储业务外，还有针对农民及小微企业的贷款项目，如商户联保贷款，拥有工商执照的个体工商户或个人独资企业可以组成联保小组，小组成员达到三人即可，就可以申请到无担保贷款，每个企业的贷款额度最高可以达到 10 万元。其次是农户联保贷款，3~6 名农户也可以组成联保小组，形成信用共同体，也可以向邮政储蓄银行申请到单户额度最高可以达到 5 万元的无担保贷款。

　　第三，谷城县农商银行。谷城县农商行由原来的农村信用社改制而来，现在主要面向城镇、农村居民提供存储及小额贷款业务。

第二节　对谷城县农村普惠金融发展的问卷调查与分析

　　根据我们想要调查的问题，经过了多次修改，我们设计出了此次前往谷城县调研的调查问卷。我们总共印制了 700 份问卷，在谷城县四个不同的乡镇，对不同年龄段，不同文化程度的当地居民进行了区分，问卷问题都为封闭式单选或多选题，更方便我们后期的数据整理和分析，有利于为我们的报告提供第一手实证支撑。具体问卷设计见附录 2。

　　前三题为被调查者的基本信息，第四题我们对被调查者进行了筛选，将其分为有借款经历和没有借款经历的人，针对不同经历的人又设置了不同的问题。对于有贷款经历的人，我们想调查他们的贷款用途，看当地居民哪个方面的需求最大。同时我们也需要了解他们的贷款金额以及还款期限，对他们的还款能力做一个评估。而对于没有贷款成功的原因，根据我们前期所了解的原因，设置了"A. 确实不需要；B. 觉得借款困难，不愿意借"两个选项。针对选择 A 选项的人，我们在后面设置一个假设的问题，询问他们假设现在要贷款，想贷款多少，以此对贷款需求做一个补充。而对于选择 B 选项的人群，我们在后面的第九题进一步询问他们感到贷款困难的原因，根据选项的统计分析，可以知道阻碍当地居民取得贷款最大的问题是什么。在问卷最后，我们想对当地惠民政策的的宣传实施情况以及当地居民的收益情况进行摸底。

一、农民对贷款等金融知识缺乏了解，个人信贷少

　　经过对谷城县的几个乡镇实地走访，根据对调查问卷的数据统计和分析，

第七章 湖北襄阳谷城县农村普惠金融发展专题调研报告

发现当地居民对银行的相关贷款政策了解甚少，不了解的居民占比高达68%，是有一定了解的居民比率32%的两倍多，如图7-1。

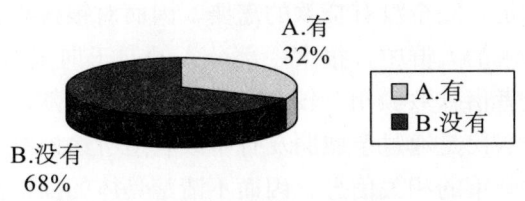

图7-1 居民对农民贷款政策有无了解

调查中我们发现，在对贷款政策有一定了解的居民中，最主要的了解途径是通过亲朋好友获得，占32%，其次是自行咨询（占21%），然后依次是政府宣传（占19%），电视媒体（占15%），最少的途径是银行宣传（仅占13%，如图7-2）。根据数据我们得知，当地居民对银行的贷款政策了解很少，而从银行宣传渠道得知的居民比率就更小，经计算只有4.16%（32%×13%），其他渠道可以依此类推。

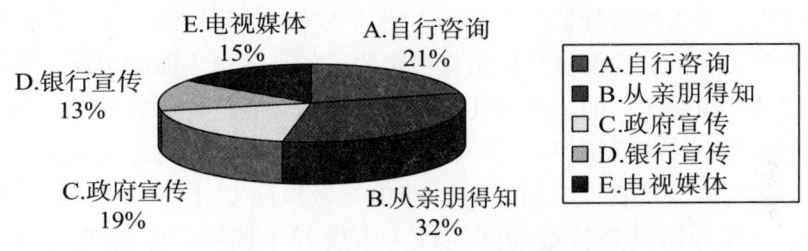

图7-2 居民了解银行政策的方式

综上所述，当地居民对当地银行的相关惠农贷款政策了解极少，其中在有一定了解程度的人群中，通过亲朋好友得知的占据大多数，因此，口口相传的途径使了解银行政策的准确性又大打折扣，间接了解比重大，直接了解则相对较少。特别是银行宣传途径的比率相对较小。

在进一步调查农户没有贷款需求的原因时，发现69%的居民确实没有贷款需要，而觉得借款困难而不愿意借的居民占31%，如图7-3所示。

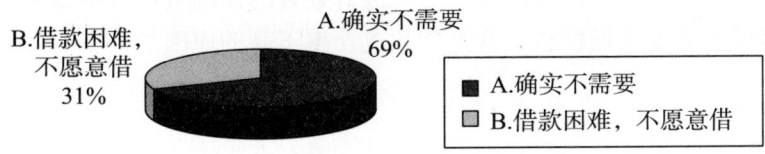

图7-3 居民不需要借钱的原因调查

通过对没有借款经历的乡镇居民的调查，我们了解到那些确实没有贷款需求的乡镇居民，大都经营着小本生意或者务农，家中也很少有大额支出，在经济方面能够自给自足，完全没有贷款的需要，因而对银行惠农贷款政策没有了解。而在有借款需求的人群中，很大一部分人倾向于向亲戚朋友借小额资金，只有有特殊情况或者借款数额相对较大时才会向银行贷款，并且是到银行网点自行咨询。有部分居民是通过亲戚朋友打听或者道听途说有关贷款的事情，无法准确地弄清贷款政策的相关信息，因而不清楚具体的操作流程和要求，造成信息扭曲，最后导致对银行贷款有疏远感。有一种比较极端的现象是有些居民即使有贷款需求，但是从亲朋邻里和社会的传言中感到困难比较大，因此对银行贷款望而却步，连进一步了解咨询贷款政策的愿望也打消了。

二、城乡居民贷款难

我们走访谷城县农业银行、农商行、邮政储蓄银行得知，贷款主要分为两种类型：信用贷款和抵质押贷款。信用贷款又分为个人征信贷款、公务员担保和三户联保。个人增信贷款即根据个人增信系统的信用评级，为个人提供不同额度的贷款；公务员担保贷款即由有稳定收入的公务员出面做担保，若最终贷款无法还清，由做担保的公务员还款；三户联保是专门针对农户的，由三家农户形成担保体系，相互担保，若一家贷款无法还清，则向另外两家追索。抵质押贷款即用房产等实物或有价证券、存单等做担保发放贷款。了解这些信息后，我们对部分居民贷款难的问题进一步展开了调查，发现了三个方面的问题。

（一）抵押物单一，担保匮乏

通过在谷城县开发区、石花镇、五山镇、庙滩镇深入社区及农户进行深入走访调查，得到调查数据如图7-4所示，显示有17.97%的农户认为贷款难的原因是缺乏抵押物，担保匮乏。对大多数农户来说，他们的经济实力比较薄弱，农民家庭财产可以做抵押物的不多，许多农户认为值钱的牛、猪不能作为担保物，基本上没有银行可以接受并可进行处置的流动资产，也没有可以由金融机构接受的流动性抵押品。这是贷款成功率不高的原因之一。

第七章 湖北襄阳谷城县农村普惠金融发展专题调研报告

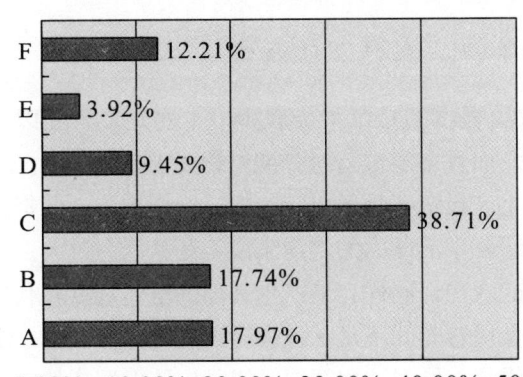

图7-4 居民贷款困难的原因

走访结果显示，当地银行认定的农民贷款抵押物主要是房产证或者个体营业执照。经过了解，该县大多数农民进行的是普通农作物生产，所以在理论上房产证便成为大多数农民唯一的贷款抵押物。然而农村大多数居民都居住在自建房，根据国家规定，他们只有对土地的使用权，并不具备土地的所有权，所以无法办理房产证及相关证件的案例屡见不鲜。当前，在国家房地产业改革的大背景下，办理房产证在农村属于隐私性和敏感性比较强的问题，少数农民虽然满足办理条件，但鉴于上述问题也不愿去办理相关手续。所以在农村使用房产证进行担保抵押目前缺乏可操作性。

少数在农村进行个体经营的农民可以用营业执照做抵押，关于营业执照，农民反映的问题是银行一直以来都有低估他们营业情况和还款能力的倾向，这种变相的歧视造成银行最终的贷款数额明显低于农民实际的贷款需求。

从当地银行及金融机构近期公布的贷款基本条件可以看出，农村小额贷款担保方式一般分为两种，一是公务员担保，二是三户联保。在走访过程中发现，农户普遍不愿意为了寻找担保人去求人，一方面是考虑面子的问题，因为怕被人拒绝而不敢寻求担保人；另一方面，在当地"没有关系没人愿意担保"的说法广为流传，他们普遍认为没有人情关系，不可能找到公务员为其做担保。即使可以采用"联保"的形式提供贷款，但农村居民收入情况普遍不够稳定，若"联保"小组内贷款一方无法还清贷款，其他两方都将遭遇信用危机，这就导致人们逐渐不愿意为他人做担保，另外银行方面基本无法对其他参加联保的农户进行贷款余额的追索，强硬的追索甚至可能使整个联保小组都发生系统性的违约或崩溃，因此，实际上采用联保形式的贷款较少。

（二）银行贷款利率、期限单一，农户还款压力过大

据我们走访调研得知，该县为农民提供的贷款种类较少，主要是5万元以下的小额度贷款，还款期限在一年左右，而且多家银行对分期付款要求十分严格。一方面，农户申请贷款无论用于高风险生产投资还是低风险经营，银行都统一按贷款期限规定贷款利率，这对那些贷款以缓解生活压力的农户来说，还款压力过大。对于那些项目周期比较长、投资见效慢的农户，同样容易产生较高的偿还贷款和利息的压力。另一方面，银行小额信贷资金周转时间不足，也会导致农户避开银行，宁愿承受高息也要选择期限较长的民间借贷。针对这些情况，银行应该根据贷款申请人的担保方式、借款用途、贷款期限等综合因素，将农户贷款利率细分，根据农户贷款的不同用途和收回成本时间的长短，细分还款期限和模式，对于那些需要较长时期才能获得收益的农户，可适当放宽还款期限。

（三）贷款成本过高，手续繁杂

调查问卷数据反映，有12.21%的农户觉得贷款困难的原因是利率成本高，贷款付出的成本太大，不太能够承受；38.71%的农户感到贷款困难的原因主要是贷款手续复杂，他们觉得太麻烦，如图7-5所示。

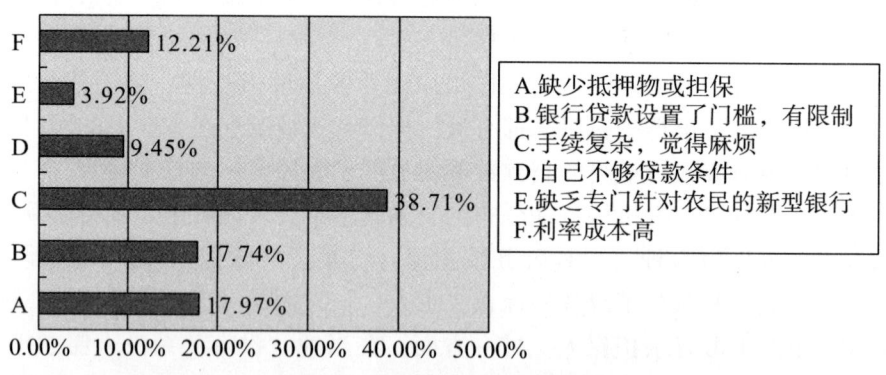

图7-5 贷款困难的原因调查

我们通过走访了解到，农民贷款成本过高主要源于以下几个方面：

第一，单笔贷款额度小，银行管理成本高。农户的贷款主要用于生产和生活的短期资金周转，单笔贷款额度较小，贷款管理的成本高，利润低。但是这笔资金又非常重要，如果缺乏这笔资金，农民的正常生活会受到严重影响。这一特点增加了金融机构的管理运营成本，并进一步转嫁给农户，表现为较高的贷款利率。

第二，申请贷款过程中存在权利寻租。据走访了解到，要获得银行贷款，

通常需要利用与银行从业人员的私人关系,或者是采用请客等方式变相贿赂,实际上提高了农民的借贷成本,导致贷款最终只贷给富人、生意人和熟人。对于有小额借贷需求的农户来说,获取银行贷款需要付出人情费用,利率优惠的吸引力下降,相比这下,他们更愿意选择利率稍高却方便的民间借贷。

第三,信用评级成本高。对银行而言,农户的信用评级成本高,资产评估成本高。农户的信用评级是一项极其繁杂的工作,农户的担保物件和还款能力很难评估。目前商业银行已经开始着手建立各类客户的信用评级共享信息,即征信系统,以此降低信用评级费用,但这套信息共享机制却无法为农商行所用。因为农商行客户多为中小企业和单个农户,与其他金融机构客户几乎没有交叉,所以农商行对农户的信用评级成本更高。为了降低审核成本,农商行现在正在试行"一次评级,多次使用"机制,避免对同一农户的多次信用评级。

第四,银行贷款手续繁杂。银行贷款手续虽然较为灵活,但是仍比民间借贷手续复杂,且贷款流程缺乏严格规范的管理,导致农户更愿意选择民间借贷方式。银行贷款个人申请手续繁琐,大多数农民文化程度有限,往往对之望而却步。银行按照上级标准,一笔5万元的贷款要经历从申请到发放共7个阶段,还需要审查抵押或质押物,获得身份的各项证明,各种申请资料就达20页之多。比较顺利的情况下,申请人可以在1个月以后拿到贷款。

三、银行贷款错配现象严重

（一）贷款对象的错配

从谷城县人民银行"2013年谷城金融机构人民币信贷收支表"中的数据分析得知,信贷资源的配置很不均衡,如图7-6所示。

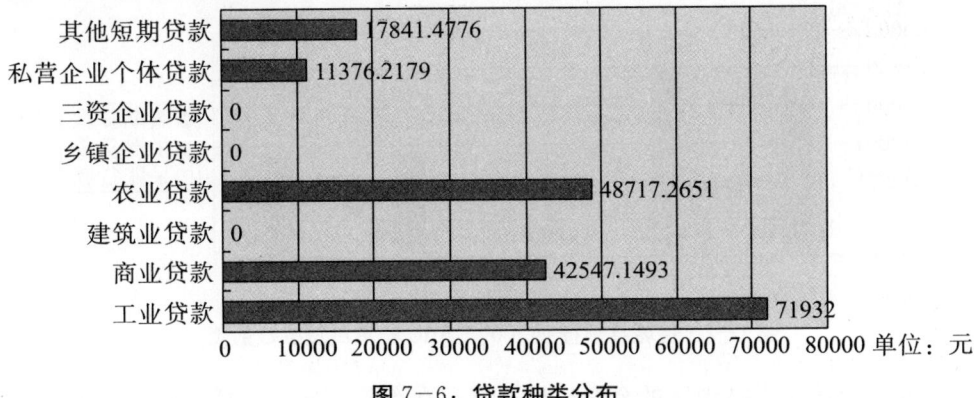

图7-6：贷款种类分布

从投放结构看，信贷资金主要集中投放于工业、商业等领域中的大企业贷款，而乡镇企业、三资企业等小企业融资难的问题仍没有从根本上解决。银行对部分大企业、优势企业授信过于集中，而这些企业实际上不需要这么多资金，转而将多余资金用于其他方面，有的还进行高利转贷，而很多急需周转资金的小微企业恰恰难以获得银行贷款。

（二）贷款期限的错配

调查中了解到，绝大多数中小企业想在银行获得中长期固定资产贷款是非常困难的，一般只能申请到短期流动资金贷款，企业投资项目没完成就要还贷，这时他们往往不得不转而求助于高息的民间借贷以实现过桥融资，这就加重了企业还本付息的压力，也滋生了农村金融风险。

严重的银行贷款错配现象，使得信贷资源的配置不均衡。发展好、规模大的企业能够比较容易地得到较大数额的贷款，并且贷款期限长，而中小企业则很难得到贷款，甚至只能申请到流动资金贷款，贷款难的问题进一步加大。银行信贷错配现象导致的不利影响主要表现在：增加了农村金融市场的流动性风险，弱化了农村信贷政策效果，也影响了国家货币政策调控的效果。

四、贷款风险因素参差交错

从谷城县人民银行分行查阅谷城县各银行近年来不良贷款情况，并绘出柱状图后（如图7-7所示），我们发现，虽然银行为控制不良贷款做出了很大努力，但仍然没有抑制2011年后不良贷款数量的反弹，由此可见，贷款风险也依旧掣肘县城金融的发展。

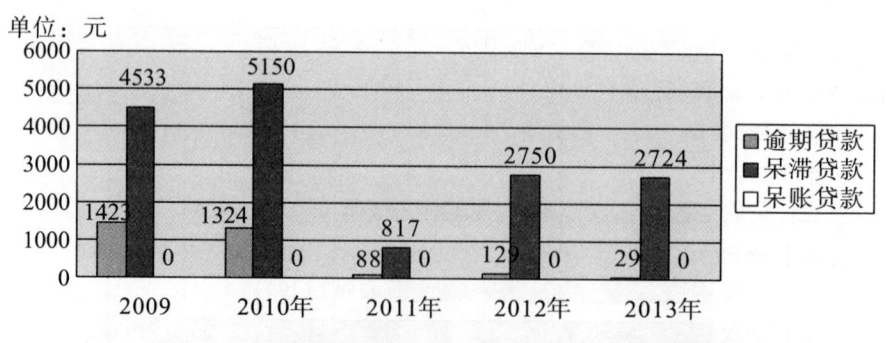

图7-7 谷城县银行业2009—2013年不良贷款数量图

农村经济不发达地区的金融机构普遍存在着资产质量较低、资本充足率不足的问题，再加之金融机构人员素质偏低、管理水平低下，带来了一定的操作风险、利率风险和市场风险。此外，农村客户信用风险以及农业本身的自然与市场风险进一步强化了贷款的总体风险。在调查中我们发现，农户更看重资金的安全性和流动性，而非盈利性，再加上国家政策对农村金融的调控，银行针对农户的小额贷款一般是低收益的；农村居民受教育程度普遍较低，有赖着不还钱的，有遭受天灾后难以还钱的，但更多的是对制度认识不足拖欠款的，这就造成了贷款的高风险。低收益与高风险并存的情况下，银行不愿意贷款给农民，也就不愿在农村进行贷款政策宣传，这更进一步加剧了农村金融信息的闭塞程度，使得农户对政策了解更加不足，由此形成了恶性循环。

五、金融机构网点分布不合理

金融服务网点是银行实施金融服务的直接窗口，它关系到银行服务业务是否有效开展，也影响到银行服务的成本、规模效应与范围效应，因而网点建设在整个银行业务发展中是一项十分重要的工作，是商业银行发挥竞争优势、实施有效扩张的途径之一。农村金融机构网点分布也是农村普惠金融发展的重要支撑点。

根据本次调研资料发现，虽然襄阳市谷城县的金融机构网点不算太少，但在分布上存在不均等的问题，距离县城中心越近，金融机构网点分布得越多，有的网点甚至相距不到100米，而距离县城中心较偏远的地区，即使该地区人口分布较密集，也最多只有一到两家金融机构网点。这导致的问题是，在金融机构网点分布太密集的地区，建设网点投入的资金无法得到成比例的回报，资源无法得到有效利用，并且在贷款问题上，加剧了各银行之间的竞争，使得银行服务业务无法有效开展，从而增加了银行负担；而在那些金融机构网点布局不足的地区，当地住户的贷款也受到了一定程度的影响，主要体现为加大了当地住户贷款的难度。在谷城县走访调查中发现，财政储蓄在个别乡镇因为不良贷款数量过多，出现信用问题，导致邮政储蓄银行在这些乡镇的所有二级网点被取消放贷资格，虽然当地居民仍可以去县城申请贷款，但很多人因为嫌太远，来回奔跑办手续太麻烦，加之本身贷款额度较小，因而最终放弃了去县城申请贷款。

六、农村资金大量外流

同全国各地农村类似，谷城县农村资金也存在大量外流的现象，金融机构网点成了资金外流的虹吸器。以肩负政策性与商业性任务于一体的农业银行为例，其本身是商业银行，为了获取较高的利润，不得不全行统筹、统一调度资金，支持能够带来较大收益的发达地区或城市的大项目，导致其在农村吸收的存款大多通过上存流向了城市。其他在乡镇一级的国有商业银行和股份制商业银行的分支行也有同样的情况。而对一些农村商业银行及农村信用社而言，为了多获利，也把吸收的农村资金上存到县级以上机构或拆借给其他金融机构，还有部分资金通过购买债券、向城市客户贷款而流出农村。邮政储蓄银行虽然改变了在农村只存不贷的现象，但经营网点硬件设施陈旧，新网点建设慢，各项涉农业务发展滞后，对农村输血功能弱，在农村吸收的资金仍远大于贷出的资金。因此总体来说，在谷城县各乡镇，上述金融机构通过存贷差导致资金出现了净流出，无法满足农村的资金需求，而民间金融机构由于受现行体制制约，也无法起到补缺的作用，导致农村的资金供求矛盾加大，融资难度加大，延缓了农村经济的发展。

第三节 对谷城县发展农村普惠金融的政策建议

一、多种举措落实小额信贷

总观近年来农村普惠制金融的发展，结合我们的实地走访及调查了解，不难发现，与农民息息相关的是贷款问题，故要想切实发展农村金融，当务之急就是必须解决好个人的小额贷款问题，降低个人贷款的难度，丰富贷款模式，扩大农民拥有的银行所认可的抵押担保物范围，取消办理贷款时可能产生的隐形花费及因信用相关问题而冗杂的贷款手续。与此同时，相关惠农贷款政策的宣传与落实也必须到位。可以试从下述几个具体方面来解决这一问题。

第一，设计并完善信用管理体系。建议各村村主任牵头，组织村里德高望重的群众代表形成信用评级小组，细化信用评级。对每家每户进行授信评级，录入由县、市统一管理的信用评级系统。建立失信居民黑名单制度，建立曝光台，在乡镇政府、村委会公示栏和人群集中区域予以曝光。银行、村委会和村民三方联手，互相监督，建立村民信用数据库，弥补农村金融信用体系评估缺失的问题，使真正有需求且有能力的村民贷到款。

第二，制定抵押担保物认证制度。现阶段抵押担保形式单一已经成为农民

第七章　湖北襄阳谷城县农村普惠金融发展专题调研报告

顺利贷款的严重阻碍，为有效解决这一问题，可以建立系统的抵押物认定制度，成立贷款抵押物鉴定、评估机构，银行和相关金融机构应根据当地农民家庭的实际情况，适当放宽对抵押物的认定范围，明确可抵押物的具体类型，鼓励银行及相关金融机构放宽对农民抵押物的限制，争取消除对农民的歧视。在此过程中要坚持政策公开、程序透明、流程规范、手续严密的原则。此外，由于担保的问题主要在于受担保人的信用问题，所以建议政府和金融机构加大对受担保人经济状况及还款能力的审核力度，将银行和担保人的损失降到最低。近几年，浙江的杭州、宁波、绍兴等地积极探索农业信用担保方式，创建农业信用担保机构，发放"农信担保"贷款，即银行与农信担保公司共同授信，符合授信条件的农户，如果贷款出现风险，根据协议农信担保公司按不良贷款余额的一定比例承担责任，同时给予由农信担保公司提供保证的客户贷款利率要比同等普通客户低。该方法有效地缓解了农业龙头企业、专业合作社、专业农户贷款难的问题。这些农业担保公司的成立，降低了信贷门槛，简化了贷款办理手续，为农业信贷提供了极大的便利，这种方法值得我们借鉴。

　　第三，简化、公开所有贷款手续。建议各大银行等金融机构适度下放贷款审批权限，允许乡镇二级金融机构网点审批小额度贷款申请。上级银行对符合条件的县级分支机构要合理扩大信贷管理权限，适度下放贷款审批权限、授信权限，优化审贷程序，简化审批手续，建立高效的贷款审批机制。推广金融超市"一站式"服务和农贷信贷员包村服务。针对农村小额度贷款，适当简化贷款手续，缩短贷款审批时间。针对贷款额度的不同，可以在审核的环节上稍做调整，缩短审核的周期，也使客户可以得到更快、更方便的服务。采取信贷服务大厅、柜台办贷和组织信贷员到村组集中办贷的三种服务方式，为有不同信贷需求的客户提供方便的服务。尽量简化农村小额贷款手续，增加贷款申请受理的渠道，缩短贷款审查的时间；全面推广使用贷款证，对已获得贷款证的农户和农村小企业，凭贷款证和有效身份证件即可办理贷款手续；把农户贷款与银行卡功能有机结合起来，根据条件逐步把借记卡升级为贷记卡，在授信额度内实行"一次授信、多次使用、循环放贷"，提高贷款的便利程度。

　　此外，还要突破政策创新瓶颈，通过创新金融产品形式来引导农民新的金融需求。银行等相关金融机构可根据申请贷款的用途设计具有不同贷款利率和贷款期限的个性化创新品种，综合考虑投资项目的风险性、投资回收期、项目规模等因素，搭配不同的利率和还款时限，丰富完善贷款品种。

二、在开展普惠金融业务同时控制风险

（一）强化信用风险的控制

在走访的过程中，我们发现很多农户因个人信用问题无法享受到农村小额信用贷款。据了解，一些村民在开设信用卡账户后，将存有少量余额的信用卡弃置一边，信用卡内含的服务费使得数年后账户余额为负，这些村民因此有了信用不良的记录，影响了后续的贷款问题。要解决这个问题，一方面，银行和政府部门需要加大对于政策的宣传力度，强化对信用卡的管理，在农村尤其是受教育情况不理想的地区，多发信息提示，上门催款等。另一方面，设计准入机制和监管机制，完善信用管理体系，从多方面真实评估客户的信用程度。此外，发放贷款后还要注意贷款动向，加强监管和评估。

（二）操作风险控制

我们在走访中了解到，半数居民认为贷款需要关系，少数居民反映有些人明明不符合贷款条件却一而再再而三得到贷款，而某些真正需要贷款的人却苦于没有人脉关系而贷不到款。鉴于农村银行从业人员及农户普遍受教育程度较低，农村信用体系基本空白，银行从业人员一般不敢将贷款给自己不清楚底细的人，而为了在完成贷款任务的同时捞到好处，他们有时便冒险贷给熟人，这样的信息错配造成了操作风险，不少金融机构因操作风险导致的损失已经明显大于市场风险和信用风险。要弱化操作风险，结合金融普惠优秀村的经验，提出三个建议：①评级授信公议。在每个村都成立由村干部、村民代表和客户经理组成的信用等级评定小组，把村里威望高、人品好、情况熟的群众代表吸收进评定小组，结合群众公议意见，逐户进行调查摸底、评级授信，并筛选出授信对象，实行正面清单式管理。②信贷服务公示。在村委会、超市、主要路口等处公示信用等级评定小组评定出的优秀户、优良户，公示信贷服务承诺，公示贷款办理流程，让每个客户都能公开透明地接受信贷服务。③信贷操作公开。在各村组悬挂客户经理包片公示牌，每个信用社设立小额农贷办贷大厅，设置服务监督牌，公开承诺办理时间，公布投诉举报电话，印发"便民联系卡"，方便群众办理业务，自觉接受群众监督，真正实现农户贷款"阳光办贷"。

（三）防范农业风险

农业风险也是普惠金融在农村开展时面临的重要风险，包括自然风险、市场风险等。2014年夏，谷城再遇旱灾，16万人受灾，严重旱情造成直接经济损失9337万元，谷城县政府及时采取多种措施，投入350万元及多项物资，领导群众抗旱。自然风险撼动着村民们赖以生存的农业生产，影响了村民的生活质量，对于将贷款资金投入农林牧副渔的村民而言，这也是借款无法及时归还的重要原因。为了规避这种风险，笔者认为，农村亟需新型的贷款保险政策，比如引入并落实涉农保险等，努力控制因不可控因素所造成的农民还款失败，为农户们的农业生产提供利益保障，减少农户贷款的不良贷款数额。还要强化农业信贷投入的风险补偿机制和农业贷款担保机制，建立主体多元化的信用担保体系，推广和发展多种形式贷款联保形式，降低农村金融服务网点的经济风险。

三、合理控制信贷资金外流同时促进资金回流农村

为了减缓农村资金外流现象，使信贷资源得到合理配置，可以采取以下几个措施：

其一，应大力发展谷城县农村经济，切实增加农村资金来源，增强农村资金自身的"造血"功能。支持农业产业结构调整，提高农业开发的深度和广度，全面提高农业的产业素质和效益；积极实施"科技兴农"战略，加快农业科技创新步伐，把农业和农村经济的发展真正转到主要依靠科技进步和提高农民素质上来；加快发展二、三产业，推进农村城镇化，转移富余劳动力。其二，采取措施控制资金外流。农村资金主要是通过金融机构渠道流出的，因而制定相应的对策来改变现今这种情形十分重要。比如，乡镇政府可以加大政策和资金扶持力度，把农村信用社和基层农业银行网点等农村金融部门当成当地农业和农村经济发展的重要支持力量，制定相关的优惠政策，营造宽松的政策环境，引导他们增加对农业的投入，大力支持这些部门债务追索，严打企业逃废债行为。对邮政储蓄，人民银行应制定相应的政策，引导邮政储蓄的部分资金按一定比率和利率回流农村金融部门，确保农村资金来自农村，用于农村。

四、加大普惠金融知识宣传力度

政府与银行要联手普及惠民政策，不互相推卸责任。政府对银行的惠民信

贷政策不仅要加以补贴，也要和银行等金融机构联手加大宣传力度，在各新闻媒体上增设惠农贷款政策的专题、专栏，加强惠农政策的宣传，真正达到惠民目标。要走进农村，举办大型金融小知识的宣讲会。银行对内部人员也要加强宣传教育，着眼于国家及银行长远的发展，关注农村金融需求，不歧视农民。银行也可以与村委会联手，每月在村民中宣传最新政策，并不定期考察政策在村民中的推行情况，尽量避免信息不对称，防止村民因口耳相传导致对银行的信贷政策产生误解，以至于惠民政策无法真正在农村落实。在落实惠农金融服务政策同时，公开可享受惠民政策村民的条件及该惠民政策所需手续，最好能形成宣传册发放到各家各户。

五、扩大金融网点建设

考虑到金融网点覆盖率低、效率差的问题，建议谷城县金融机构的金融网点建设必须实现战略转型，均衡金融机构网点分布，不仅在数量上要覆盖全部乡镇，也要由传统的数量型网点向以客户为导向的质量型网点转变。要根据市场定位积极拓展网点建设。必须考虑不同的客户群聚集地、不同的经济环境条件来设立不同功能级别的网点。金融机构要适应城乡一体化发展的现实情况，以"三农"服务为目标，充分考虑到"三农"服务对象的个性化特点，在网点的内在功能设置上方便农民，为农民提供更加适合的服务。同时针对乡镇中小企业相对集中的市场区域设置网点，在网点内部再针对中小企业的服务需求进行内部组织构造，以方便中小企业业务的开展。

第八章 农村普惠金融统筹城乡发展的问题及制度缺陷

通过国际比较研究、国内实证研究、抽样调查研究以及社会实践专题调研活动，我们基本上对我国农村普惠金融在统筹城乡发展中存在的问题有了比较全面和深刻的认识，这些问题与我国农村普惠金融处于发展的第二阶段"初级普惠金融"阶段相吻合；这些问题的存在，延缓了我国的城乡一体化进程，制约了城乡统筹福利的提升。深入挖掘发现，制度缺陷是造成这些问题的根源。

第一节 我国农村普惠金融统筹城乡发展存在的问题

在国际比较、实证研究以及调查研究中发现，我国农村普惠金融在发展中存在的问题主要表现为，我国农村普惠金融总体水平较低，而且全国发展不均衡，农村普惠金融供需缺口突出，风险、成本以及可持续发展等因素成为制约我国农村普惠金融由初级向高级阶段发展的核心问题。

一、农村普惠金融"三性"水平低，制约了城乡统筹福利的提升

目前我国农村金融普惠程度提高速度较快，但整体发展水平仍然不高。这可以从本书的实证研究中反映出来，那就是 2000 年以来，我国农村普惠金融发展水平总体上虽然呈现上升趋势，但从相对水平看，2015 年的最高值也仅为 0.40，离中值尚有不小的距离。这与我们在第二章中的判断基本一致，即我国农村普惠金融发展处于初级阶段。在此阶段，虽然农村微型金融机构与民间金融机构大量滋生，原来服务于城市的正规金融机构以及工商业开始与农村金融机构及农业对接，但农村金融服务"三性"（渗透性、可及性、有效使用

性）水平低，农村金融机构渗透性不足、农村金融产品与服务可获得性差，以及农村金融资源有效使用度低三个方面的现象还将在一定时期内存在。

（一）农村金融机构渗透性不足

从地理渗透性与人口渗透性角度看，商业银行通过加快设立分支机构及投放ATM，提供金融服务的地域范围有所扩大，尤其是从2009年开始新型农村金融机构大量涌现，金融服务的人口覆盖率也有较快提高。但据IMF官方网站的数据[①]整理得出，2015年我国银行的地理渗透性（以每千平方公里银行分支数及每千平方公里ATM数表示）及人口渗透性（以每十万人银行分支数和每十万人ATM数表示）等绝大部分指标仍要远低于美英等发达国家以及其他中等发达国家，在"金砖四国"中，我国地理与人口渗透性虽优于俄罗斯与巴西，但落后于同样为人口大国的印度。IMF测算的指标反映的还是"普惠金融"水平，如果测算"农村普惠金融"水平，正如在第五章实证研究结果所揭示的，尽管反映我国农村金融地理渗透性以及农村保险密度的指标总体处于扩张阶段，但考虑到我国农村人口十分庞大这一因素，农村金融机构的人口渗透性比例非常低，农户及农村小微企业等组织在信贷获取上存在较大障碍，阻碍了农村普惠金融的发展，最终使得城乡统筹一体化发展建设缺乏足够的普惠型资金的支持，由此在一定程度上没能有效地缩小城乡居民消费水平差距、城乡收入差距及城乡文化差距，制约了我国城乡一体化的发展进程以及城乡统筹福利水平的提升。

（二）农村金融产品与服务可获得性差

农村金融渗透率不一定与农村金融系统信贷规模成正比。农村资金需求者从正规金融机构获取信贷的数量及难易程度也是衡量农村普惠金融水平的重要指标之一。从金融产品与服务可获得性方面看，尽管中国国内信贷占GDP比重从2010年的142.2%持续上升到2016年末的151%。[②] 这一比重接近美英日等发达国家水平（其中美国经济的整体信贷水平在2015年占GDP比重为237%），但我国信贷资源供给仍然呈现出结构化短缺特征，一方面，杠杆化货币经济表现明显，如2014年银行理财产品的资产管理规模超过了10万亿之巨，大量资金流向了理财产品、房地产及股票市场，尤其是股票市场，2014—

---

① 参见世界银行官网，http://datatopics.worldbank.org/financialinclusion/country/.
② 中国人民银行网站，http://www.pbc.gov.cn/.

第八章 农村普惠金融统筹城乡发展的问题及制度缺陷

2015年在"杠杆牛"的支持下日成交量达到近两万亿规模，是2007年牛市的10倍多；另一方面，在"脱实向虚"迹象明显的情况下，实体经济持续下滑，中小企业融资难、融资贵问题依然不能得到有效解决，尤其是我国仍有大范围的人口（重点是农村人口）无法享受到正规的金融服务。统计数据显示，2015年我国成年人从金融机构获得的贷款比例为7.26%，远低于OECD发达国家（美国、英国、德国、日本、韩国、澳大利亚等28个国家）的14.00%，也低于世界平均值9.05%。[1]

（三）农村金融覆盖率不足，金融资源使用效率低

从全国层面看，我国储蓄转化为投资的渠道不顺畅，导致对金融资源使用效率及程度偏低，体现在每千人存、贷款账户数偏少。在拥有金融机构账户、对穷人及农村人口金融服务覆盖率，借、贷记卡的使用，网上支付与购物，金融机构储蓄，金融机构信贷及抵押贷款六项指标方面，中国要远低于英、美、德、日、韩等发达国家。如2014年我国生活在农村的成年人拥有金融机构账户的比例为74.3%，而同一时期美国、英国、德国、日本与韩国分别达到93.2%、99.4%、98.8%、96.4%和92.9%，CECD发达国家的平均水平则为87.16%。[2]

统计数据[3]还显示，2015年初，我国"零金融机构乡镇"还有1570个，此外还有6个省份（自治区）没有实现乡镇金融机构和乡镇基础金融服务双覆盖，而且农村金融网点分布很不均衡，东部相对集中，绝大部分西部欠发达地区金融机构缺乏，致使从全国范围看，农村金融排斥现象仍然十分严重，小额信用贷款和联保贷款的农户覆盖率不到35%，体现普惠意义的农村贷款与农户贷款比率非常低，尤其是农户贷款比率每年基本上维持在6.5%以下，县域农村贷款余额占各项贷款比重也一直维持在23%以下，见表8-1。

表8-1 农村（县及县以下）与农户贷款占比情况　　　　单位：%

年份	2007	2008	2009	2010	2011	2012	2013	2014	2015
农村贷款	15.8	15.6	17.5	19.2	20.9	21.6	22.6	23.2	22.8
农户贷款	4.8	4.7	4.7	5.1	5.3	5.4	5.9	6.4	6.5

注：数据来源：据《中国金融年鉴》各期整理得到。

---

[1] 世界银行官网，http://world bank global findex database.
[2] 世界银行网站，http://datatopics.worldbank.org/financialinclusion/country/.
[3] 中国人民银行农村金融服务研究小组. 中国农村金融服务报告[M]. 北京：中国金融出版社，2015：8.

而对于保险、证券等其他现代金融服务业，出于普及困难的因素及成本原因，全国诸多县市及绝大多数村镇没有经营网点。农村金融覆盖不足，导致在农村教育支出、农村产业结构优化升级、农村公共品提供等方面的建设资金捉襟见肘，除政府财政资金之外，社会资金及大型工商业银行很难对农村发展予以有效支持，不利于城乡经济、文化、产业及社会发展统筹度的提升。

在近年来政府主导、人行推动的"金融服务全覆盖工程"背景下，金融机构被动、片面追求覆盖率的现象比较明显。2010年以来，在银监会号召下，各地方开始将发展新型农村金融机构以提高农村金融全覆盖作为主要任务来抓，而且数据比较可观，如从2011年初至2012年末不到两年的时间里，湖北省农村仅转账电话就安装了97116台，平均每村3.84台，ATM机在乡镇的覆盖率也达到87%[①]，但实际效果有待观察。因为，在追求覆盖率的同时，我们也要重点考察金融资源是否得到了有效利用，这应该纳入考察普惠金融发展程度的重要指标之列，如信贷质量及对金融服务的使用。我们的调查研究发现，可能由于银行网点距离远，无法达到银行所要求服务的条件，或者由于其他物理的甚至心理的障碍，许多拥有了银行账户的城乡居民并没有充分使用可获得的金融服务。从农村视角看，在实际生活中，许多农村成年人没有开通银行账户，在开通了银行账户的成人中，长期不使用或较少使用的账户的比例相当大，表明我国实际使用储蓄资源情况并不理想。城乡金融覆盖失衡严重，无疑会阻碍城乡一体化的顺利推进。

二、普惠金融资源的区域错配影响了城乡统筹的区域均衡

城乡统筹的实现需要资金资源在城乡之间的时空分布与流动不能太过失衡。我国地多人多，城乡统筹水平差距较大，城乡一体化程度比较高的地区有珠江三角洲地区，苏南地区，上海以及北京，如深圳基本上没有了城乡差别。更多的地区城乡一体化程度还相当落后：城乡收入差距较大，农业产值与就业份额较高，农村社会公共投入不足、公益事业落后，农村财税金融体制出现城市化偏向，城乡公共品供给失衡等。而我国整体金融发展水平以及农村普惠金融发展水平也呈现地区之间的分异。

---

① 宋辅良等. 农民呼唤金融服务全覆盖——探访推进农村金融服务全覆盖工程之湖北攻略 [N]. 金融时报，2012-10-10.

第八章　农村普惠金融统筹城乡发展的问题及制度缺陷

（一）金融机构地区分布差异较大

根据中国银监会官方网站上金融许可证的查询，截至 2015 年底，我国金融机构网点在各省（市）、自治区、直辖市分布情况如图 8-1 所示。

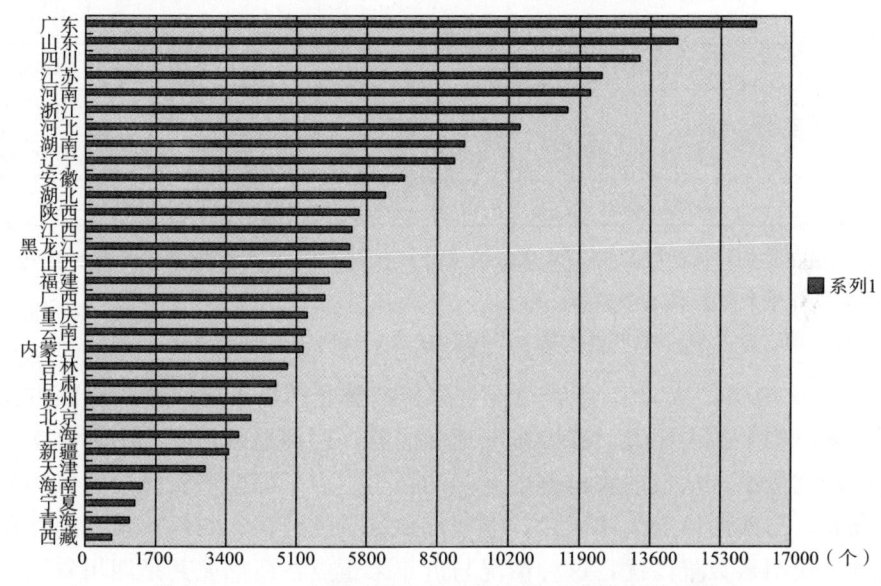

图 8-1　2015 年我国银行类金融机构在各省网点的分布

由图 8-1 可以看出，我国银行金融机构在各省网点分布不均衡。排名第一的是广东省，银行金融机构网点数 16152 家，排最后一名的是西藏自治区，拥有 647 家。另外，可以发现排名最后的几个省市基本上都属于我国西部地区；排名前几名的广东、山东、浙江和江苏则属于我国东部地区。因此，从金融地理渗透性角度而言，我国东部地区明显要优于中、西部地区。

综合考察各地区银行业金融机构从业人数、资产以及营运指标，统计结果见表 8-2。

表 8-2　2015 年末我国金融机构分布与运营的地区差异　　　　单位：%

金融机构情况	区域	东部	中部	西部	东北	全国
银行业金融机构营业网点	机构个数占比	39.90	23.60	26.80	9.70	100.00
	从业人数占比	44.20	21.10	23.90	10.80	100.00
	资产总额占比	57.70	15.60	19.40	7.30	100.00
法人金融机构个数占比		34.80	24.90	31.10	9.20	100.00

111

续表

金融机构情况		区域	东部	中部	西部	东北	全国
法人金融机构营运指标（2015年比2014年平均增减）		资本充足率	1.27	−0.59	0.14	−2.18	0.42
		流动性比率	8.38	1.30	4.57	10.96	5.76
		资产利润率	0.06	−0.55	−0.23	−0.14	−0.17
新型农村金融机构		村镇银行	34.10	29.20	26.40	10.30	100.00
		贷款公司	40.10	13.30	33.30	13.30	100.00
		农村资金互助社	27.10	20.80	31.30	20.80	100.00
		小额贷款公司	28.10	20.50	35.10	16.30	100.00

注：各地区金融机构营业网点不包括国家开发银行和政策性银行、大型商业银行、股份制商业银行等金融机构总部数据。

数据来源：据《2015年中国区域金融运行报告》整理得到。

表8-2说明，从2015年银行业金融机构营业网点布局、资产总额占比及法人金融机构个数占比看，我国东部地区居首，西部地区其次，中部再次，东北地区占比最小；从目前农村普惠金融的新生主力军即新型农村金融机构的占比情况看，与前面情况大体一致，但西部地区贷款公司、农村资金互助社及小额贷款公司明显数量占优，这种情况与近年来重点在西部尤其是四川省设立大量新型农村金融机构有关。从运营效率方面看，2015年东部地区法人金融机构运营指标明显占优，而中部、西部、东北部地区优劣互见。这一方面反映出东部地区金融机构在资产、规模及效率方面占据了绝对优势，另一方面也说明金融机构在发展上存在较大的地区差异。

（二）农村金融普惠程度出现地区分异

以上考察的是各地区金融资源的渗透性及可得性，从实际金融资源使用度方面考察，东部10省平均贷款余额要总体好于中部、西部及东北部；西部地区虽然地区信贷加权平均增长率最高，但12个省（市、自治区）呈现明显的参差不齐现象：比较好的依次是四川省、重庆市及陕西省，但其他各省信贷资源使用基本上低于全国平均水平，尤其是西藏、青海、宁夏、新疆及贵州等地拥有的信贷水平十分低下，如图8-2所示。

第八章　农村普惠金融统筹城乡发展的问题及制度缺陷

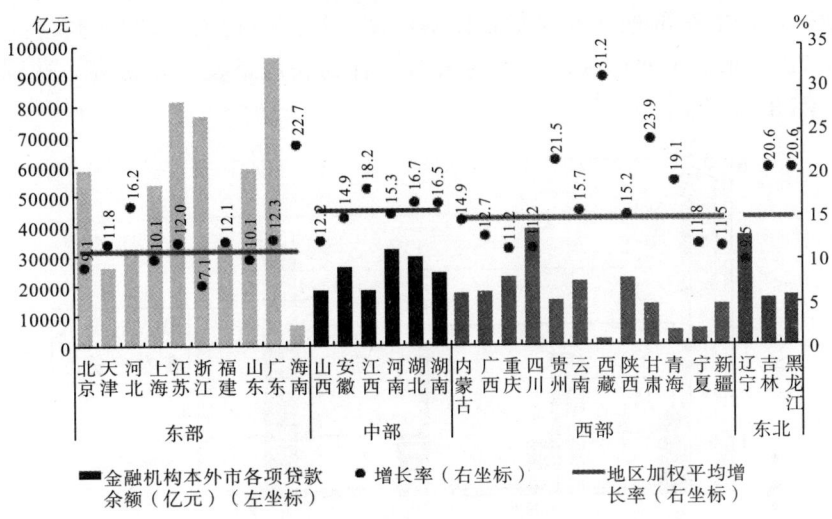

图 8-2　2015 年末我国各地区金融机构信贷余额及增长情况

数据来源：《2015 年中国区域金融运行报告》。

再从农村金融机构渗透性方面考察。如图 8-3 表明，从 2015 年末各地区农村金融机构人口渗透性方面比较，在每万乡村人口拥有农村金融机构数及从业人员数方面，我国东部及东北部地区都占据了相对优势，中西部地区相差不太明显。

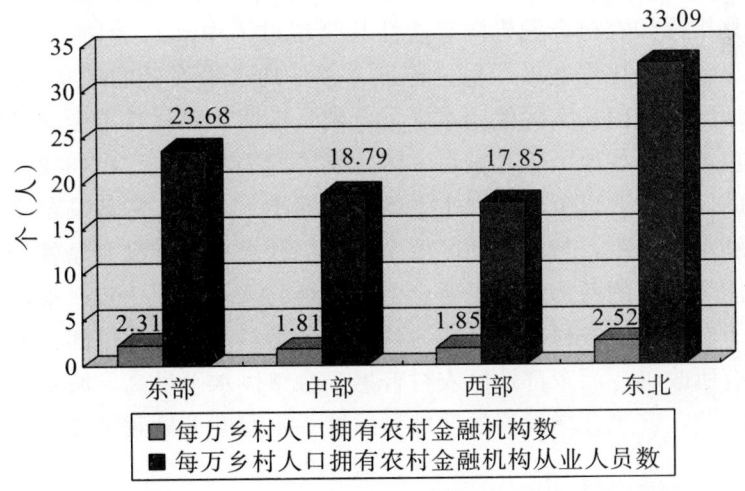

图 8-3　2015 年末各地区农村金融机构人口渗透性比较

最后从农村及农户获得金融机构信贷情况看。如图 8-4 表明，2015 年末我国东部及东北地区农村贷款及农户贷款的绝对额度及相对比率都要远高于中西部地区，其中东部地区农村贷款比率最高，每万乡村人口拥有的农村信贷额度达 5.72 亿元；东北地区每万乡村人口拥有的农户贷款比重最高，达到 4.33 亿元，图 8-4 所示。

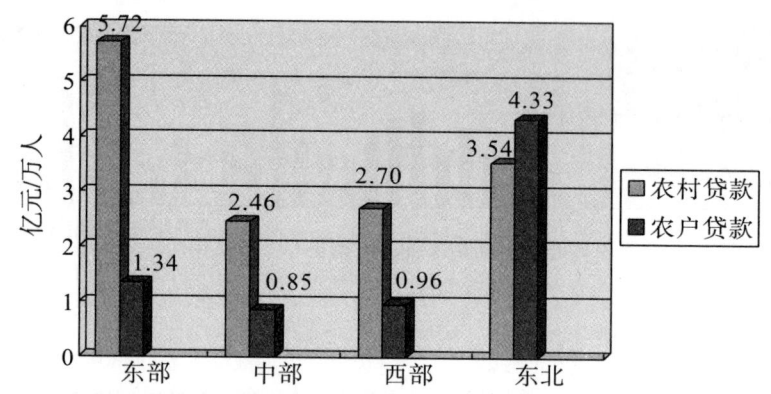

图 8-4 2015 年末不同区域人均农村信贷与农户信贷比率

数据来源：据《中国金融年鉴》（2016 年）数据整理得到。

各地区农村普惠金融发展存在较大差异，也在前面的实证中得到了检验。从总体来看，农村普惠金融发展水平依次是东部、东北部、中部及西部。值得注意的是，近年来随着以四川、重庆为首的西部地区部分省市加快设立新型农村金融机构，农村普惠金融指标在个别年份如 2015 年末总体接近了中部地区水平（部分指标如农村金融机构渗透性甚至超过了中部），但掩盖不了西部地区农村普惠金融分化程度最严重、普惠金融平均水平最低的现实，图 8-2 揭示出西部地区总体信贷实际使用水平最低就是证明。农村普惠金融发展的地区差异还直接影响了各地区统筹城乡一体化发展的福利效应。正如我们的实证研究所指出的，农村普惠金融发展水平的提升缩小了东部、中部及东北部地区城乡居民福利水平差距，与西部地区城乡居民福利水平差异没有显著关系。究其原因，可能是落后的西部地区的普惠金融供给与需求错配比较严重，并没有很好地服务于农民及以农村小微企业为代表的各类经济组织，中部、东北部地区的情况则有所改善，而东部地区农村普惠金融整体水平最高，城乡差距也相对小一些。因此，普惠金融发展的区域异质性一定程度上导致了城乡统筹的区域非均衡。

第八章 农村普惠金融统筹城乡发展的问题及制度缺陷

三、可持续、风控及成本因素是普惠金融统筹城乡发展的最大障碍

当前银行业面临经济下滑及利率市场化双重压力，不良贷款率在整体上有所回升。银监会网站公布的数据显示，2015年三季度末，商业银行不良贷款余额11863亿元，较上年末增加3437亿元；不良贷款率1.59%，较上年末上升0.34个百分点；其中，农业银行最高，不良率高达2.02%，在维持数年低位运行之后，不良率首次突破2.00%。而对于农村金融机构来说不良率则更高，《中国银监会年报》显示，2015年农村商业银行不良贷款率高达2.50%，高于全部商业银行不良贷款率平均值1.70%。"三农"和小微企业领域不良贷款上升现象比较明显，源于其所蕴含的风险确实较大。如果考虑表外及隐形的不良贷款，大部分的信用联社或农商行的实际不良率可能都高于5.00%，农村信用合作社则更不乐观。农村微型金融信贷风险主要源于缺乏抵质押物以及农业生产的高度不确定性，自然灾害也可能使贷款人失去还款条件，由此对农村金融机构形成较大考验。从目前看，新型农村金融机构尤其是村镇银行的信用风险和操作风险最大。信用风险表现为贷款不一定能收回，操作风险则表现为由于治理结构缺陷，管理上存在较多漏洞，内部存在一些违规行为。

2007—2015年我国农村金融机构盈利能力与资产负债情况，我们主要考察了资产收益率（ROA）、权益收益率（ROE）及资产负债率（DAR）三个指标，见表8-3。

表8-3 2007-2015年农村金融机构盈利与资产负债指标　　　　单位：%

	农村信用社			农村商业银行			农村合作银行			新型农村金融机构		
	ROA	ROE	BLR	ROA	ROE	BLR	ROA	ROE	BLR	ROA	ROE	BLR
2007	0.45	10.36	95.70	0.70	12.97	94.60	0.84	13.29	93.65	—	—	99.33
2008	0.42	9.87	95.70	0.79	13.71	94.21	1.03	15.87	93.50	—	—	99.00
2009	0.41	9.72	95.70	0.80	13.36	94.02	1.05	15.85	93.35	0.49	2.25	98.77
2010	0.36	8.34	95.60	1.01	13.82	92.67	1.19	16.05	92.57	0.34	16.17	97.90
2011	0.74	15.30	95.20	1.20	15.43	92.20	1.30	17.06	92.40	0.59	20.01	97.04
2012	0.82	16.29	95.00	1.25	18.94	92.18	1.34	16.57	91.90	0.64	18.94	96.64
2013	0.85	16.14	94.70	1.26	15.91	92.11	1.32	14.87	91.15	0.63	16.99	96.30

续表

	农村信用社			农村商业银行			农村合作银行			新型农村金融机构		
	ROA	ROE	BLR	ROA	ROE	BLR	ROA	ROE	BLR	ROA	ROE	BLR
2014	0.95	17.37	94.30	1.38	17.23	91.92	1.15	13.00	91.24	1.42	10.10	95.76
2015	0.77	12.86	94.00	0.98	12.40	92.12	1.08	12.30	91.21	0.56	11.55	95.15

数据来源：根据农村金融服务报告（2015）及中国银监会网站数据计算得到。

表8-3说明，占据我国农村金融机构半壁河山的农村信用社以及新设的新型农村金融机构总体资产收益率（ROA）在1％以下，农村商业银行与农村合作银行稍高，ROA在1％～1.5％以内，也在较低范围；四类机构权益收益率总体在10％～19％范围之内，虽然不算太低，但主要是由于总资产中净资产较少所引起的；各类农村金融机构资产负债率基本上都在91％以上，总体偏高。盈利不足以及盈利不稳定，负债偏高，导致我国农村普惠金融供给主体的可持续发展能力受到挑战。

此外，成本也成为影响农村普惠金融提升城乡统筹福利的重要因素。原因主要与农村小额信贷技术水平（互联网、移动支付手段等）低、农村金融市场信息不对称严重等相关。由于农村普惠金融供给主体的信贷对象是分散的小额贷款客户，贷款催款可能都要提供上门服务，因此，部分农村金融机构的小额信贷项目利息非常高，远高于同期商业银行的利息。可以说，农村金融机构的小额信贷成本高、风险较大导致贷款利率偏高，这种情况在农村地区已经成为普遍现象。按照现行政策，贷款机构可以在央行制定的基准利率基础上有一定的浮动，信用社贷款利率浮动范围比银行更大，一般情况下，商业银行贷款利率浮动范围为0.9～1.7倍，而农村信用社贷款利率浮动范围为0.9～2.0倍。在实际操作中，农村信用社贷款浮动的权限达到基准利率的90％～230％，小额贷款公司贷款浮动上限可以达到400％。根据央行货币政策司的调查，农村金融机构的贷款加权平均利率超过了基准利率的一倍甚至更多，已经成为常态，农村信用社、小额贷款公司贷款利率上浮则占95％以上，浮动幅度超过200％的占70％以上。尤其是试点的小额贷款公司，发放贷款的加权平均利率高达20％以上[①]。在农村利率市场化情况下，利率下浮的贷款少之又少，普通农户和中小企业很难享受到贷款利率的优惠。

除了利率以外，贷款的附加成本也是一项比较大的负担。农户在农村信用

---

① 刘锁贵，等. 农村金融产品和服务创新［J］. 银行家，2015（1）：108-109.

社进行贷款时一般还需要缴纳股金,入股金额一般是贷款额的5%~10%。还有的农村信用社要求大额贷款的农户参加人身保险,这导致一般农户实际上很难得到贷款满足。因此,总体来看,出于风险防范和成本控制的需要,农村金融机构主动性的农村贷款供给受到了抑制,曾经风靡一时的新型农村金融机构也在一定程度上放缓了设立进程。

四、农村普惠金融供需缺口突出阻碍了城乡一体化进程

调查显示,我国农村地区对普惠金融的潜在需求非常旺盛,而且需求主体范围十分广泛,主要包括农户、农村小微型企业,农村各类经济互助组织及合作社。特殊的需求主体必然使得相应的普惠金融需求具有如下特征:借贷需求的高风险与低收益性,根源在于农业产业本身是弱质产业,具有自然与市场双重风险;资金使用上的时间性与季节性,这又源于农业生产周期的季节性因素;借贷额度小,这是由分散的小农经济特性所决定的;缺乏抵押物,与金融机构存在严重的信息不对称,这又与农村资产市场不发达以及农村社会诚信制度缺失有关;成本敏感性,即农村普惠金融需求对资金成本因素十分敏感。此外,由于进城务工,以及农村互联网与手机使用的增加,现代农民已不再是以前"面朝黄土背朝天"的农业种植者,他们对新型金融服务的需求也将逐步增加。

从供给方面看。首先,农村普惠金融的供给主体是农村政策性金融机构,农村信用社、转型之后的农村商业银行、农村合作银行,以及新型农村金融机构。但目前,农村政策性金融机构资金来源有限(主要依靠政府拨款),业务单一,而且对资金流向有比较严格的限制,导致对农村普惠性资金的引导功能弱化,供给效率走低;从农村信用社、农村商业银行、农村合作银行甚至农村新型金融机构角度看,它们一般着眼于大项目、大客户,贷款额度大额化,业务模式工商化、城市化仍然没有改观,无意于"高风险、高成本、低收益"的三农业务。以服务目标定位于农村的村镇银行为例,这类新型农村金融机构一般将目光放在贷款金额比较大的小企业主及出口企业上,其小额信贷项目50%以上的一级客户(最初客户)都不是穷人,某种程度上偏离了当时设立村镇银行的初衷。由于贷款给城市大企业风险低,盈利比较有保障,而且可以通过信贷拉动负债业务的增长,多数农村金融机构将信贷投向县域内比较大型的工商企业,并没有将"三农"作为信贷投放的主要对象。

巨大的普惠金融资源供需缺口由此形成。值得注意的是,长期以来,民间

金融一直以拾遗补缺者的身份一定程度上满足着农村资金的需求,但由于成本高、不规范、风险大等因素,这类农村资金供给者一直在夹缝中生存,并没有对农村普惠金融形成有效供给。中国城乡统筹发展需要新生的金融资源的支持,但这一通道一直没有得到有效打通,由此形成了长期的农村金融资源配置效率低下和农户、农村中小企业及其他相关低收入群体融资难的恶性循环。

第二节 我国农村普惠金融统筹城乡发展的制度缺陷

抑制我国农村普惠金融发展的原有的农村金融制度安排缺陷主要表现在两个层面:宏观层面与微观层面,前者表现为基础制度缺陷,后者则表现为农村普惠金融微观主体的组织、业务、产品,以及风险补偿机制缺陷。

一、宏观层面:农村普惠金融制度基础薄弱

农村普惠金融的发展离不开已有的农村金融制度基础,而原有的城乡"二元经济结构"、农村金融区域错配问题以及农村金融生态环境失衡,使得这一制度基础十分薄弱,宏观层面的制度缺陷主要表现在以下三个方面。

(一) 三重失衡的农村金融发展制度障碍

长期以来,我国在计划经济体制下形成的金融高度集权、严格管制、国有垄断、工业化等传统路径依赖对于农村发展以及城乡一体化的实现影响很深,我国金融体制在其演变发展过程中始终处于严重失衡状态,尤其对于农村民间金融这些正规金融之外的金融形态,无论在思想认识、管理体制还是在政策拟定、舆论导向方面,始终自觉或不自觉地抱持轻视、忽视甚至敌视的态度。农村金融发展制度障碍具体体现在三重制度失衡方面。

第一重失衡,是传统的城乡"二元金融"体制根深蒂固,导致城乡金融资源供给失衡。城乡"二元金融"体制,是基于传统的城乡"二元经济"(即农业部门与城市的制造业部门)格局形成的分别服务于城市与农村的相互割裂的金融市场体制,前者以存在于城市的发达的银行、证券、保险等金融机构提供相对多样化、便捷的金融服务为主要特征,后者则是以规模较小的农村信用社、农村商业银行,以及各类金融服务社、基金会、私人钱庄、各种"摇会"等为代表的非正规金融主体,提供小额、有限的农村金融服务。当然,在一些

第八章 农村普惠金融统筹城乡发展的问题及制度缺陷

经济较为发达的地区，部分城市信用社、城市商业银行、股份制商业银行也在一定程度上对农户和农村企业提供金融服务。但目前随着农业银行收缩农村分支行、减少涉农信贷，邮政储蓄银行在各种竞争压力下推动网点和服务下沉，农村信用社的商业化改制，农业发展银行自身资本金不足，新型农村金融机构一定程度上偏离设立初衷，民间金融的高利贷本性，导致农民、农村小微企业融资难、融资贵问题难以缓解。

"二元金融"体制是我国计划经济时代遗留的产物。为了快速实现工业化，我国金融体系呈现城市和工商业导向性特征，除了"剪刀差"之外，信贷供给也成为城市从农村抽离资金的路径，而城市工商业反哺农业的能力和程度不高，直接导致了城乡差距甚至城乡对立。一方面，商业银行在农村地区吸收的存款大部分流向城市；另一方面，农村金融服务严重边缘化，广大农户特别是贫困农村地区中低收入群体的信贷资金需求无法得到满足。在"二元金融"体制下，农村金融产品供给主体发展制度的失衡，主要源于官方的管制，如一味地抑制农村非正规金融的发展，对农村基层金融机构的自主经营实施了过多的限制，由此导致了农村金融市场发育的幼稚性以及资金在供求方面的失衡。

第二重失衡，是区域农村金融供给制度失衡。这种区域异质性和区域非均衡性，一方面体现出金融资源在空间配置上的非均衡，主要由区域经济非均衡发展所导致，使得资金从不发达地区抽离流向发达地区形成极化效应；另一方面，是各地区农村金融体系内部结构的非均衡所致，主要包括金融正规市场与非正规市场之间的结构、农村金融机构及产品结构等方面的失衡。

我国的金融发展从一开始就遵循以东部等发达地区为中心的推进模式。金融机构主要分布在东部等发达地区，金融市场功能相对完善，中农工建交总部基本上都设在这里，189家外资银行分行中的177家也集中聚集，而农村商业金融也较为发达。从各地区乡村人口占全国乡村人口的比重与各地以信用社为主体的贷款额度占总贷款额的比重比较来看，各地农村金融支持很不协调，东部及东北部地区每万乡村人口拥有的农村信贷及农户信贷比率都要高于全国平均水平，而中西部地区相对较低。中西部地区主要依赖农村信用社、农业银行、农业发展银行，但后两者基本上很少与个体农户直接发生信贷业务关系，大多数农村居民和农村企业可以享受的金融服务仅仅来自农村信用社的"一家独大"垄断性供给。20世纪90年代中期以来，全国农村信用社也走上了机构撤并以及商业化发展之路，导致中西部地区在城乡间金融机构数量、从业人员数量、贷款业务等方面远不如东部。尤其是西部地区，农村经济发展和农村金融机构布局上的区域性失衡最为严重，城乡差距在全国范围内也表现得最为明显。这种异制性和非均衡性，导致我国在城乡差距的基础上又增加了地区差距，而且两种差距相互作用，形成恶性循环，阻碍了生产要素在全国范围内优化配置的实现，城乡一体化本身的实现程度也在各地区表现出了"贫富分化"。

第三重失衡，是农村金融生态环境失衡。农村金融生态环境包括内部环境和外部环境。由于农村金融内部生态系统的非自然运行，以及外部环境系统建设的不和谐，我国农村金融生态环境遭受了严重的破坏，前述"二元"金融结构就是内部环境失衡的表现。内部失衡的重要制度缺陷就是农村金融产权制度缺陷，即农村金融系统里模糊的产权边界使得各经济体及政府超越生态边界，原有的金融生态系统也趋于失衡。现行的以农村信用社、农村合作银行等为代表的合作金融仍然难以有效解决所有者缺位问题，农村合作金融机构名义上归全体股东所有，但其股东中绝大部分是自然人，这些自然人股东不仅合计出资额少，而且分散在众多自然人股东中，其所有权难以体现。产权不清、所有者缺位，导致权责不对称，难以体现出社员对合作金融机构的所有关系，进而导致内部人控制盛行及内部制衡机制、激励机制和约束机制缺失。农村金融生态外部系统失衡则体现为农村信用体系、征信体系和法律体系缺失，此外，地方县乡两级政府行政干预现象也有增无减。农村金融生态环境失衡，严重影响了农村金融的资源配置功能及可持续发展。

这三重失衡导致我国农村金融在资金资源分配方面表面上始终坚持效率优先的原则，事实上却表现为低效、失衡，资金嫌贫爱富偏向十分严重，缺乏分配机制的调节作用，抑制了我国农村普惠金融的发展与壮大，牵制了城乡统筹一体化的实现步伐。

（二）农村普惠金融的专项总体制度设计被忽视

在目前各国纷纷将普惠金融升级为国家发展战略之际，我国也于2016年1月正式颁布了《推进普惠金融发展规划（2016—2020年）》，将普惠金融发展上升到了国家战略层面。该规划提出了普惠金融发展的战略意义以及健全、完善多元化普惠金融覆盖体系的思想，对于网络支付、P2P、众筹等互联网金融模式的贡献给予了肯定，在普惠金融的基础层面上如全民征信、网络支付覆盖、金融教育等方面也提出了相应的要求。但规则还不够详细，对普惠金融服务的覆盖率、农村金融账户拥有率、金融机具布放的数量、人均或者区域金融服务的次数，以及金融机构普惠金融服务考核与激励指标体系等没有明确的量化要求，也没有明确提出"农村普惠金融"的概念，而着眼于以创新创业为导向的全民金融，也就是仍然没有真正将农村普惠金融的制度建设放在优先发展

第八章　农村普惠金融统筹城乡发展的问题及制度缺陷

层面上来，在农村普惠金融发展的治理机制、农村金融基础设施建设、农村普惠金融发展的政策框架制定，以及农村普惠型金融机构如何与城市正规金融机构实施有效对接等方面还缺乏完善的专项顶层设计。

农村普惠金融发展总体制度设计还应该是一个自上而下的整体行动。国务院高层出台总体发展规划后，各省（市、自治区）应该跟进部署，基层金融机构要坚决落实执行。但《推进普惠金融发展规划（2016—2020年）》出台之后，除了四川、陕西等少数省份以省级普惠金融发展规划的形式出台相应文件之外，其他地区更多的只是以实施意见、实施方案等形式来指导当地普惠金融的发展。从各地文件看，仍存在特色不突出、"干货"较多、注重形式、创新不足等问题。没有农村普惠金融自上而下、从顶层设计到基层的落实，就不可能真正将信贷权就是人权的思想贯彻到经济发展、社会共同富裕以及和谐社会建设中去。

（三）缺乏农村普惠金融发展的专项法律制度

农村普惠金融发展的法律制度体系涉及农村普惠金融机构、业务产品与服务指导、风险担保与处置、普惠金融消费者权益保护及知识宣传，以及政府金融财税政策支持等方面的立法及规章制度安排。例如在美国普惠制金融法律体系中，《社区再投资法》《公平信用报告法》和《联邦存款保险法》起到了很重要的作用，分别对于规范商业银行在中低收入社区的信贷服务，规范监管机构、金融机构和普通消费者之间在信息公开、使用、隐私保护等方面的行为，以及保护普通消费者和利益相关者的权益方面做出了严格规定。但总体来看，我国普惠金融法律体系的构建还处于起步和探索阶段，关于农村普惠金融发展的专项法律制度更是尚付阙如。

首先是关于规范农村普惠金融服务主体的基本金融立法缺失，更无具体的实施细则、配套措施。由于缺乏一部与城乡普惠金融发展相关的法律，提供小额信贷业务及其他各类微型金融业务的组织机构定位模糊；农村金融消费者权益保护体系也很不健全，农村低收入者的金融服务最低标准及费用减免办法相对缺失；农村土地经营权、技术专利权、设备场地使用权及宅基地使用权方面的确权登记与流转没有规章制度的明确规定，农村金融创新无章可循，也就无法有效实现"三农"对金融服务的真实诉求。

其次，对农村普惠金融实施监管的主体缺乏明文规定。农村普惠金融服务主体范围广、性质多样，如农村信用社、新型农村金融机构、农村政策性银行等都具有普惠金融机构性质，但经营目标各不相同，如何对其进行有效监管、协调与约束就很困难。目前,我国广大农村地区的普惠型金融机构包括银行及非银行类金融机构,涉及的监管部门除了人民银行及银监会,还有地方工商、税务甚至公安部门,这些部门权责分配不明、各自为政,容易出现监管漏洞或者重复监管,导致金融风险出现。尤其是在当下互联网金融发展火热的背景下,针对小微金融的网贷平台种类繁多、鱼目混杂,跑路、骗贷现象屡屡出现,制定网络借贷管理办法十分迫切。

再次,农村普惠金融市场征信制度不健全。目前城乡小微企业和农民信用档案平台建设严重滞后,征信机构不健全,缺乏普惠金融授信对象的多维度信用数据。人民银行的个人征信查询系统与普惠金融机构并未实现信息共享,普惠金融服务主体很难以迅速获得服务对象的抵押物与担保、违约率等个人资信情况,提高了经营成本,也增大了信贷风险,影响了农村普惠金融可持续发展。

二、微观层面:农村普惠金融供给机制不活

(一)促进农村普惠性金融机构创新的制度供给滞后

我国现有的农村普惠性金融机构主要包括农业政策性金融机构、农村信用社及改制后的农村商业银行、农村合作银行、新型农村金融机构,以及邮政储蓄银行等。民间金融则可以考虑作为重要补充纳入农村普惠金融机构体系之中。

1. 农业政策性金融机构

农业政策性金融机构主要为农业发展银行。除此之外,农业银行承担着农业综合开发和扶贫等专项贷款业务,工商银行承担着粮棉企业加工和附营业务贷款业务,农村信用合作社也承担了一些本应由农业发展银行承担的政策性支农贷款业务。但由于商业性经营风险容易转嫁到政策性业务之中,因此农业银行、工商银行承担的农业政策性业务处于逐步萎缩之中。以农业银行为例,五大国有商业银行(工、农、中、建、交)中,中国农业银行是最大的涉农商业银行,农业、农村和农民的信贷业务一直是农业银行的业务重点。但是,亚洲金融危机之后,作为国有商业银行的农业银行,其市场定位和经营策略已经发生了重大变化,商业化经营行为日趋突出,出于利益最大化的要求,中国农业银行下属的诸多县域营业网点均大规模收缩了在农村的业务,压缩了基层经营机构。由于农业弱质产业的特征,以及受资金回收期较长但利率低、风险大等因素的影响,农业银行的资金投放也已从服务农业为主转变成工商业并重,竞争的视角也从农村转向城市。

第八章 农村普惠金融统筹城乡发展的问题及制度缺陷

因此,目前政策支农的大任基本上由农业发展银行独家担任。但是我国农业发展银行不仅在制度设计上存在严重缺陷,而且其职能定位也不明确。无论是在我国东部发达地区、中部粮食主产区,还是西部欠发达地区,中国农业发展银行不仅未能引导商业性金融加大支农投入,而且由于自身、市场、行政等方面的制约因素(如资金来源渠道单一,融资成本高,业务范围狭窄),也不能很好地满足农村经济发展的政策性金融需求,缺乏对农户的专业性金融服务。不良贷款率高也成为制约其惠农的因素:2010年前农发行开展了三年的市场化涉农业务,使得准政策性业务(指除了国家指令性的政策性粮、棉、油收购业务,由粮食企业自主收购,农发行自主放贷、风险自担的粮、棉、油收购贷款。)不良贷款一度高达21%。[①] 在这种情况下,由政策性金融机构来开展农村普惠金融业务局限性很大,远远不能满足农村资金需求。

2. 农村信用社

农村信用社是农村小额信贷供给的主力,但长期以来农村信用社的资本充足率低、不良贷款率高、历史包袱仍然沉重,收入增长渠道狭窄、后劲不足,中间业务拓展较慢,导致其农村小额贷款供给增长缓慢,且可持续性不足。此外,部分农村信用合作社为了扩大融资,很容易陷入非法吸储;为了追求盈利,很容易导致过高的存贷利差,难以避免地走向商业金融;规模一扩大,又难以避免地走向个人专权,而不是民主管理下的合作金融。其制度根源在于产权改革不到位,重视机构组建而忽视机制转换;政府监管部门对农信社进行股份制改革的限制条件比较严格,农村信用社进行股份制改革的难度比较大;法人治理机制不健全,所有者权益保护机制丧失,激励机制与问责机制缺位;促进农村信用社在产品、服务、技术等方面进行创新的动力机制及制度供给不足。

3. 新型农村金融机构

新型农村金融机构主要包括村镇银行、小额贷款公司和农村资金互助组织。村镇银行能吸收存款,资本金数额比较大,相对来说,发放贷款的数额就大一些,直接为农民服务的效果好。从目前看,村镇银行的发展是最快的,也是最有效的为"三农"服务的形式。而农村资金互助社规模比较小,通常是在一个村里面,是为村里的资金合作社的社员服务的,规模不大,但手续方便。至于贷款公司,因为它不能吸收贷款,所以贷款数额受到这种资金来源的限制,不是很大。这三类新型农村金融机构的组织模式特点以及在发展中的限制因素见表8-4。

---

① 张宇哲. "问题"农发行 [J]. 财新周刊, 2010 (13).

表8-4 不同组织模式的新型农村金融机构在发展中的限制情况

	村镇银行或社区银行	小额贷款公司	农村资金互助组织
组织模式	由银行发起，出资人参股，政府协调服务	由境内商业银行或农村合作银行设立，为不吸收公众存款，经营小额贷款业务的非银行业金融机构	社员之间的资金合作
发展中的限制因素	资本金少，难以享受到支农再贷款；成立时间短、网点少，在储户分散的农村市场很难组织存款；业务受限，金融产品有限	业务活动难以本地化和持续化，易受出资银行资产规模、批发资金大小和支持服务试点贷款公司的基本态度制约	大额、长期的资金需求无法满足，资金规模太小，专业化的经营管理和风险管理能力缺乏

首先是村镇银行。村镇银行可以吸收存款，因而不存在后续资金的问题，但仍然存在系列亟待解决的问题。包括：第一，体制障碍限制了村镇银行的发展。目前，我国对公有制经济与非公经济的歧视在一定范围、一定地区仍然客观存在，政策方面对于非公有资本进入金融服务业仍有严格的限制条件，使得民间资本宁愿转向地下、进入灰色区域，也很难进入村镇银行等正规金融机构，制约了村镇银行的资本多元化发展，导致机构网点、资产规模难以达到预期目标。第二，主发起人准入资格限制。村镇银行主发起人限制为"银行"，阻止了民间资本、实业机构及其他金融资本如非银行业金融机构、证券机构、保险机构甚至农村"灰色金融"的准入。而且村镇银行规模报酬问题不明显，导致许多大型银行机构不愿意成为发起行；部分发起行往往利用自身规模优势干预村镇银行经营，导致村镇银行成为自己的一个子支行。此外，村镇银行规模较小影响到董事会规模与结构、业务品种开展以及员工激励机制，内部人控制成为不可避免的现象，从而使村镇银行的发展受到了制约。第三，可持续发展不足。由于财税部门、银联、银监会监督部门分别在财政贴息政策、业务扶持政策及监管考核指标政策方面缺乏明确的优惠及差别持续政策，再加之自身吸收存款困难，村镇银行普遍出现经营成本高、人力不足、贷款风险相对集中、利率定价受到限制、资金市场供求受限、资金结算渠道落后、科技手段缺乏等多方面问题。此外，在社会公信力远远不如当地的信用社和邮储银行，社会公信力弱、社会认知度较低带来吸收存款难等突出问题。这些都阻碍了村镇银行的可持续发展。

其次是小额贷款公司。小额贷款公司是只贷不存的金融机构，不能吸收存款，而且现在又缺乏从其他金融机构得到较大规模批发贷款的机制。尽管按规

第八章 农村普惠金融统筹城乡发展的问题及制度缺陷

定小额贷款公司可以向银行贷款，额度不超过资本金的50%，但是在实际中，很多地方的小额贷款公司很难贷到这笔款项。这就极大地限制了小额贷款公司发挥更大的作用。此外还存在税收歧视。尽管小额贷款公司从事的是金融业务，但却是按一般公司标准上税，从而加大了小额贷款公司的税务负担。例如，银行业的所得税是按存贷利率之差来征收的，而对小额贷款公司却是对贷款的全部利息收税。小额贷款公司贷款三个月就周转一次，与一般金融机构相比，交的营业税也相对较高。中国人民银行的征信系统对小额贷款公司并不开放，小额贷款公司所掌握的大量的企业与个人信息也不能加入征信系统，这就大大地加大了小额贷款公司的信贷风险。

再次，对于农村资金互助组织，目前主要存在着资金短缺、内部管理不规范、监管门槛过高等主要问题，部分农民资金互助组织自身也存在盲目追求发展速度、忽视发展质量的问题，其风险控制机制尚不完善，内部治理机制也有待规范。更严重的是，个别农民资金互助组织违规操作，从事当前国家金融监管所不允许的业务，对金融秩序和金融安全造成了负面影响，也在一定程度上影响了农村资金互助组织的总体声誉。

4. 邮政储蓄银行

在农村还有一类广泛存在、历史悠久的金融机构就是邮政储蓄。2007年转变为中国邮政储蓄银行之后，邮政储蓄规模很快发展壮大，但是在对农村普惠金融服务方面存在着管理体制不顺、网点建设与布局不合理、产品与业务创新不够、专业技术人才缺乏等诸多缺陷，尽管改变了原来只存不贷的做法，但在对农村贷款业务方面停滞不前，尤其在小额贷款业务方面，由于其额度小、利率高、期限短，质押物有限，这类贷款业务的拓展受到了很大限制，在一定程度上影响了邮政储蓄银行资金回流农村的步伐。这不仅有可能影响到农村金融发展，甚至有可能使邮政汇兑业务畸形化。

5. 民间金融形式

民间金融对我国农村正规金融起着不可忽视的拾遗补缺的作用。这种金融活动方式灵活、及时、快捷，能够适时有效地弥补农村资金使用缺口，从而可以在某种程度上降低交易成本。因此，民间金融已成为农村金融活动中不可或缺的重要部分。但是目前，我国对民间金融机构纳入国家普惠金融体系尚无明确政策规定。普惠金融体系强调的是包容性。尽管《国务院关于鼓励和引导民间投资健康发展的若干意见》（国发〔2010〕13号，又称"新36条"）中明确提出"鼓励和引导民间资本进入金融服务领域……允许民间资本兴办金融机构"。但目前民间资本准入金融门槛仍然较高，长期以来，金融监管存在对民间金融的不合理限制，导致民间金融无法通过参与新型农村金融机构等方式加入农村普惠金融体系。

（二）农村普惠金融业务及产品供给受到制度性抑制

农村普惠金融服务具有业务繁杂、产品多样化与个性化并存、额度小等特点。这是因为农民、农村小微企业对资金的需求呈现多样化和个性化，如贫困农民的资金需求额度小、应急性强，常见如助学贷款需求、住房贷款需求、疾病贷款需求；一般农民资金需求具有经常性和季节性特征，教育、住房贷款需求较为常见；专业化农民具有大额贷款、结算、金融咨询、租赁等多样化金融需求。伴随着农业生产方式的转变，龙头企业、农民专业合作社、家庭农场、专业大户等农业规模化经营的主体对农村金融服务的需求出现了新的变化和特点，批发贷款、产业链融资也如雨后春笋般出现。但与需求相矛盾的是，目前普惠金融个性化服务产品研发、运营成本较高，种类和数量较少，金融产品较单一，难以满足城乡统筹发展的需求。

农村普惠金融业务及产品供给存在的制度性抑制因素主要包括：

首先，对农村金融产品比较全面、严格的管制。目前，出于防范风险的目的，农村金融产品的种类、规模、价格和交易必须报送监管部门甚至总部批准。报批的链条长和交易成本过高，阻碍了需求尾随型金融产品的创新与发展。现有服务、产品创新也都是以吸纳性创新为主，具有很强的同质性，缺乏原创性和特色。

其次，地方政府对于普惠金融服务与产品创新的支持力度不大。征信、评级、会计、法律等中介服务是推动金融创新不可或缺的必要环节。但我国现行农村金融体制中，无论政策环境、法律环境、人才环境还是诚信环境都很不健全。比如，农村抵押担保物范围较小，农村承包土地经营权和农民住房财产权抵押贷款试点范围不大，无法满足种养大户、家庭农场等新型农村生产经营主体的融资需求；商业银行应收账款质押、动产质押等适合小企业融资特点的金融产品和服务得不到有效推广。尤其是在以信用为核心的中介服务体系缺位的情况下，金融产品供需双方信息不对称，开发新产品面临较大的风险及较高的成本。

再次，以网络为核心的城乡金融基础设施反差太大，制约了普惠金融业务与产品创新的技术基础。金融基础设施中的支付体系、安全运行体系等都需要具备以网络技术为核心的软硬件设施条件，现代农业发展也要求更为信息化、网络化的金融服务，要求金融服务方式更多利用互联网等电子信息平台，为现代农业经营主体提供全方位、网络化的信息服务。但从目前来看，现有的农村

第八章　农村普惠金融统筹城乡发展的问题及制度缺陷

金融产品和服务还不能满足新形势下农业发展的需求。同城市相比，目前农村网民数量并不普及。截至 2015 年初，我国网民数量 6.49 亿，手机网民 5.57 亿，其中农村网民数量达到 1.78 亿，仅占所有网民数的 27.5%。从表 8—5 中可以发现，在各类应用中，城镇居民的网络使用率都要比农村地区高，其中城乡网民使用率差异最大的几项分别是网络购物、网上支付、网上银行、旅行预订和团购。

表 8—5　2015 年初农村网民网络应用情况

应用类别	应用	农村网民规模（万）	农村网民使用率	城镇网民规模（万）	城镇网民使用率	城乡网民使用率差异
信息获取类	网络新闻	13247	74.20%	38647	82.20%	-8.00%
	搜索引擎	12987	72.80%	39235	83.40%	-10.70%
	博客	2204	12.30%	8692	18.50%	-6.10%
网络娱乐类	网络音乐	12444	69.70%	35363	75.20%	-5.50%
	网络视频	10875	60.90%	32422	68.90%	-8.00%
	网络游戏	9637	54.00%	26948	57.30%	-3.30%
	网络文学	7261	40.70%	22123	47.00%	-6.40%
金融交易类	网络购物	7714	43.20%	28428	60.40%	-17.20%
	网上支付	6276	35.20%	24156	51.40%	-16.20%
	网上银行	5700	31.90%	22514	47.90%	-15.90%
	旅行预订	4028	22.60%	18145	38.60%	-16.00%
	团购	2914	16.30%	14353	30.50%	-14.20%
	互联网理财	1508	8.40%	6341	13.50%	-5.00%
交流沟通类	即时通信	15558	87.20%	43218	91.90%	-4.70%
	微博	5333	29.90%	19551	41.60%	-11.70%
	电子邮件	5184	29.00%	19994	42.50%	-13.50%
	论坛/BBS	2635	14.80%	10273	21.80%	-7.10%

数据来源：2015 年农村互联网发展状况研究报告。

可以看到，使用率差异最大的这几项应用基本上都需要相关金融服务作为支持，从农村网民使用率上来看这几项的使用情况很不理想。出现这种现象的原因有两个，一方面虽然互联网覆盖了部分农村地区，但是农村地区没有相关的金融服务，农村居民无法借助网络技术来获取金融便利，即使进行转账汇款等比较基础的业务,也可能需要到几公里外的镇上才能办理;另一方面农村地区的居民不太了解手机银行、网络银行等业务,还是习惯于使用现金来进行交易。因此,在广大的农村,支付结算方式仍以传统结算为主,现金、同城结算、通存通兑占主导地位,信用卡、电话银行、网上银行、手机银行等先进工具的应用覆盖率偏小,甚至还没有推广。技术可以在降低普惠金融业务成本的同时扩大服务边界,而农村以网络为核心的城乡金融基础设施反差太大,制约了农村普惠金融业务与产品创新的技术基础。

(三) 保障农村普惠金融发展的风险分担机制缺失

"三农"具有天然弱质性,自然风险、市场风险大,使得"三农"金融服务目前总体来说呈现风险大、成本高、收益低的特点,这是城市大型商业银行不愿意涉足涉农贷款,导致农村普惠金融发展滞后的直接原因。而农村金融活动的风险分担机制缺失更是强化了这一因素。主要表现在:其一,农村信用担保体系不健全。农业企业、农村合作社、专业农户普遍面临贷款难的问题,往往是因为缺少有效担保品,因为其资产要么是动产如花木、果园、牲畜等非标准担保物品,要么是具备租赁性质的土地,不符合银行的要求。此外,农村信用担保中介如担保基金或机构匮乏,缺乏专业化的资产评估、抵押登记机构。在利率市场化、经济下滑的情况下,银行面临资本充足率及不良贷款率指标约束,很难考虑对三农的贷款需求。其二,农业保险制度不完善。据银监会网站公布的数据测算,2016年农业保险保费收入为417.12亿元,占产险业务原保险保费总收入的4.79%,绝对数额及相对占比均偏低,农保简单赔付率也仅为65.80%。背后的原因是农业保险法律不完善,保险供给主体、覆盖面与险种不足、农业巨灾风险分散转移机制缺位,再保险机制尚未建立,农业政策性保险范围窄,商业性保险费用偏高,向规模经营农户提供的保险补贴偏少,农业保险纵深发展不足等,这些都导致农业保险的风险保障作用还未充分发挥。而农村金融机构的存款保险也存在相关问题不够细化与明确的情况,如2015年2月17号颁布的《中国存款保险条例》没有明确将村镇银行、农村资金互助社等划归其中;农村金融机构的保费定价及赔付额度是否与城市大型商业银行相同等也不明确。其三,从国家政策层面上来看,对农村金融服务风险分担和化解缺乏政策支持,包括对金融实施精准扶贫的力度不大,对金融机构的小额信贷在财政补贴、税收设定方面不够优惠。

第九章　提升城乡统筹发展福利的农村普惠金融制度创新

通过发展农村普惠金融来提升城乡统筹发展福利的问题，实际上解决的是一个制度供给问题。为了将我国现行处于初级阶段的农村普惠金融制度推向高级农村普惠金融阶段，以促进城乡统筹发展，就必须在分析原来农村金融制度缺陷的基础上摒弃不合理的制度因素，植入创新的制度安排。在目前我国经济新常态下，经济增长将由要素驱动转向创新驱动，因此必须在宏观层面强化农村普惠金融的基础制度创新。在微观层面则要着力推动机构、产品、业务、市场等机制创新，健全风险分担和风险补偿机制，夯实农村普惠金融发展的软硬件基础设施建设，大力营造农村普惠金融创新氛围，通过资金聚合与分配机制，使金融服务创新的活水源源不断地流入"三农"发展的实体经济。这是全面改进和提升农村金融服务水平以达到高级农村普惠金融水平阶段，统筹城乡发展、实现农业现代化的重要手段和现实选择。

第一节　宏观层面：奠定农村普惠金融制度发展的基石

一、破解三重困局：强化农村普惠金融的分配功能

只有打破传统的城乡"二元金融"困局，弱化区域金融的马太效应，纳入生态发展理念，规范发展非正规金融，才能强化农村普惠金融在城乡之间、区域之间以及农村金融生态链上的分配机制，化解农村普惠金融供需失衡矛盾。

(一)以新型城镇化的金融支持为契机,破解城乡"二元金融"困局

2014年3月16日,中共中央、国务院颁布了《国家新型城镇化规划(2014—2020年)》,这项宏观性、战略性、基础性规划必将加快我国农村城镇化进程。新型城镇化的核心是城乡之间在土地、人口、文化、生态等多方面的一体化发展。新型城镇化建设对发展农村普惠金融并提升城乡统筹发展福利的机理在于两方面:一方面,新型城镇化是重塑城乡关系的重要契机。通过加快新型城镇化进程,农民进城进镇会更容易,农村工业向园区集中、人口向城镇集中、住宅向社区集中,农民生活质量提升、农民就业增加、农民收入提高将得到有机结合,城乡关系逐步由封闭走向开放,城乡资源双向流动取代单向流动。通过统筹推进人、地、资金等重点领域和关键环节的体制机制改革,有利于逐步破除城乡二元结构,城乡差距因而得到有效缩小。另一方面,新型城镇化建设的过程中会产生巨大的金融需求,这涉及债券发行、股票融资、信贷投放、保险保障需求等各个金融子行业相关领域,资金回流农村变得可能。为了有效支持新型城镇化建设,金融业必须创新融资方式和融资工具,满足城乡尤其是乡镇一级的多元化需求,以提供新型金融融资支持服务。这对于破解城乡"二元金融"困局,提升农村普惠金融水平,发挥好农村普惠金融的分配调节功能,将起到巨大的推动作用。

在新型城镇化进程中,地方政府部门要积极带动并激活闲置低效资源如农村集体土地资源,发展土地金融;农村金融机构要积极牵头,成立城镇化股权投资基金、产业发展基金、农村基础设施投资基金等,带动庞大的社会资金投资于农业产业化、农村工业化及新型城镇化发展项目,出台鼓励农民工购买商品房的金融支持举措,以有力地促进农村普惠金融的发展。

(二)以"一带一路"的金融支持为抓手,纠正区域金融发展失衡

当前,"一带一路"已上升为国家战略,由于其涉及区域广阔,十分有利于推进我国普惠金融区域化发展战略,破解区域金融发展失衡的困局。"一带一路"不仅包括了发达的江苏、浙江、广东、福建、海南东部5省,也涵盖了包括内蒙古、陕西、甘肃、青海、宁夏、新疆、重庆、四川、云南、广西、西藏西部11省(自治区、直辖市),以及黑龙江、吉林、辽宁东北3省,中部的河南省等。因此,强化对"一带一路"的金融支持,可以在推动各地区文化、

旅游、贸易、交通、基建发展的同时,客观上有力地推进农村普惠金融区域化发展战略,发挥好农村普惠金融将资金资源在地区间进行分配调节的功能,进而缩小城乡居民福利差距。

首先,我们要借此契机,制定与各地区实际情况相符的农村普惠金融政策,吸引国内金融机构如银行、证券、保险、信托机构,以及众多企业参与"一带一路"建设,尤其要鼓励商业银行在沿线各地区开设分行或子行,吸引域外金融机构和企业入驻,积极创设民营银行,加强货币清算等基础金融服务体系的建设,并鼓励这些地方的民间资金入股或新设新型农村金融组织,改变金融覆盖空白的困境。其次,要广泛动员国内外金融资源(包括外汇储备资金、产业基金、丝路基金、对外援助资金等杠杆资金),甚至撬动全球资金,例如"亚投行"、金砖国家开发银行等合作金融组织等,为我所用。再次,针对各地区尤其是那些西部贫困地区的社会文化特点和切实需求,丰富金融产品和服务的种类,提高金融产品和服务的定制化、个性化程度。我国西部落后偏远的农村地区也要抢占先机,积极发挥资源优势,吸引开发性资金入驻。

(三)纳入生态观理念,化解农村普惠金融供需失衡矛盾

农村普惠金融生态模式是依照仿生学原理来建立和发展农村普惠金融体系的良性运作发展模式。农村普惠金融生态是以农村金融机构、金融产品和服务的消费者(农户、农村小微企业等)为主体,农村金融产品与服务、金融市场机制为客体,农村市场法律、诚信体制、区域经济发展状况、社农关系及政府对农村金融的支持反哺等为保障所形成的有机统一体。根据这一概念,我们构建了农村普惠金融生态圈,在这个生态圈中,生态主体的需求方是千千万万分散的小农,以及组织化程度越来越高的合作组织、农业企业及家庭农场,供给方是由大中小金融机构共生所形成的农村普惠金融机构群体,管理者则是普惠金融机构监管者和决策者,它们共同组成农村普惠金融生态内部系统;而由农村经济基础、法律、信用体系、基层地方政府所组成的外部环境则构成了农村普惠金融生态外部系统。整个生态系统由一系列内生机制所联结,在密切联系、相互作用过程中形成一种动态的、均衡的系统。如图9-1所示。

在图9-1中,农村普惠金融生态系统的特征是系统性、动态平衡与良性循环。系统性是指农村普惠金融生态外部与内部系统构成有机的统一整体,这就需要综合考虑城乡法律制度、行政管理体制、农村诚信状况、会计与审计准则、中介服务体系、各类企业的发展状况及银企关系等来进行普惠金融体系建设;动态平衡是指资金资源在普惠金融供给与需求方之间进行双向流动,形成

良性循环。农村普惠金融生态系统的核心理念是"共生发展":普惠金融供给者中,大中小金融机构,正规与非正规金融机构共生共存,在良性竞争中实施优胜劣汰;普惠金融需求者中,在城乡资金的聚合与分配机制作用下,大型工商企业及农户、农村小微企业(组织)共同拥有平等的获得信贷权力。

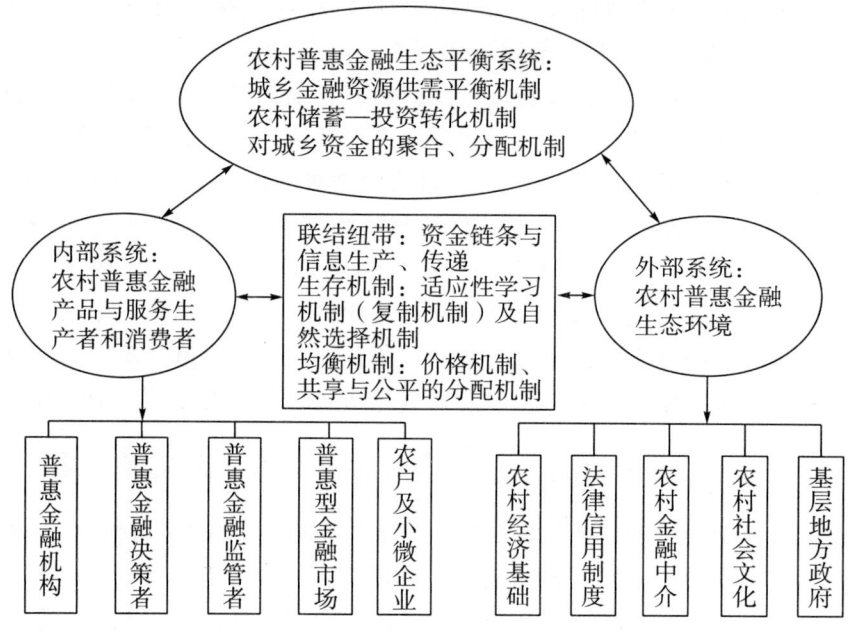

图 9—1 农村普惠金融生态平衡系统

维持农村普惠金融生态系统内外部平衡的联结纽带是资金链条与信息生产、传递机制。这是一条类似食物生态链的资金流转系统,根据参与各方对称的信息流进行分配。生态系统的生存机制是适应性学习机制与自然选择机制,前者要求参与各方根据环境变化及对方需求实施创新与自我改进,后者则主要依赖于外部生态环境中的农村金融中介机构、中介组织以分解者的身份,将农村绩效不佳、经营不善的企业或组织通过评估、清算的方法分解为资金原料并释放到城乡经济基础中去,以供普惠金融资源的生产者再次利用、形成循环。维持生态系统的均衡机制是价格机制,以及共享与公平的分配机制。在普惠金融发展初级阶段,单纯依赖价格机制,要求普惠金融需求者能负担成本,供给者能维持可持续发展,可能难以实现。这就需要政府的引导并辅以财税手段,待普惠金融发展到高级阶段,技术进步引致普惠金融平均成本与风险降低、大中小金融机构总体收益水平趋同时,价格机制再逐步起到主导作用。

化解普惠金融供给主体失衡问题,关键就是要进行农村金融生态市场建设，改变农村金融生态主体的制度供给不足和农村金融生态环境的制度需求过剩共存情况下造成的金融生态制度非均衡局面，协调好普惠金融服务对象与现代金融制度之间制度错配问题。根据生态系统的可持续发展原则、生态经济效率原则和生态经济公平原则，要建立起以微型金融为主体的农村金融机构体系，并以农村信用环境、市场经济法律体系、政府在市场失灵环节中的有效规制为基础，优化城乡金融资源供需平衡机制、农村储蓄—投资转化机制，以及对社会资金的聚合机制，通过农村一、二、三产业融合中生成的资金链条与信息生产、传递机制，适应性学习及自然选择的生存机制，以及合适的价格机制，维持农村金融生态系统的动态平衡及可持续发展。

二、完善顶层设计：全面构建农村普惠金融专项发展框架

建议在国务院 2016 年 1 月推出的《推进普惠金融发展规划（2016—2020年）》基础上，进一步推出《农村普惠金融发展规划与实施细则》。原规划没有明确提出"农村普惠金融"的概念，而着眼于以创新创业为导向的全民金融。鉴于 2015 年末我国仍有 6.03 亿人口（占全部人口的 43.9%）生活在乡村，城乡差距又是目前我国三大差距（城乡差距、地区差距、贫富差距）中需首要解决的问题，因此这一规划并不重复，十分有必要，可视为国务院规划的延伸及有针对性的细化。建议由发展改革委员会、农业部、住房和城乡建设部及人民银行等相关部门组成联系会议小组，着手拟定《农村普惠金融发展规划与实施细则》并监督实施。

在进行制度设计时必须考虑该制度的目标模式、路径依赖、过程控制的理论逻辑，衡量该项制度的成本与效益，效率与公平，福利效应等。实施农村普惠金融制度的顶层设计，要求以党中央在"十二五"规划中提出的要进一步完善普惠制金融，以改变金融资源分布严重不均衡状况的思想，以及 2010 年、2011 年、2012 年中央 1 号文件对完善普惠型农村金融政策的具体要求，深入领会 2015 年 11 月中央全面深化改革领导小组第十八次会议精神，在《推进普惠金融发展规划（2016—2020 年）》基础上，进一步勾勒未来三年农村普惠金融的发展路线图，完成如下关于农村普惠金融发展的专项制度设计。

（一）设计目标

发展农村普惠金融，要将提升农村金融服务的覆盖率、可得性、满意度，满足人民群众尤其是农民、农村小微企业日益增长的金融需求作为制度目标。

围绕这个目标，要求在福利主义与制度主义理念之间取得均衡，既要兼顾普惠金融业务的普惠含义，又要满足可操作性，考虑盈利性与可持续发展。围绕这个目标，就必须要到 2020 年之前，建立与城乡一体化及全民小康社会相适应的农村普惠金融服务与保障体系，让农村的农户、小微企业，尤其是其中的低收入群体、贫困群体、残疾人、老年人等及时获得价格合理、便捷安全的金融服务，使我国农村普惠金融服务水平处于国际中上游水平。为了量化上述目标，建议政府部门将如下变量纳入监控我国农村普惠金融发展水平的动态指标体系：

1. 金融渗透性指标

金融渗透性指标包括农村金融机构地理渗透与人口渗透指标，以万人农村金融机构网点数，万人农村 ATM 数，以及万人拥有农村金融机构服务人员数来衡量。通过监控这些指标，适时评估城乡金融覆盖率，促进农村乡镇一级银行网点和保险服务全覆盖，巩固助农取款服务村级覆盖网络，以期最终实现乡乡有金融机构，村村有金融服务。

2. 农村金融产品服务可及性指标

农村金融产品服务可及性指标包括人均拥有存款账户数，农村人均存款额，以及人均拥有银行卡数。这类指标可进一步按成人、妇女以及地区最贫困的 40% 的成人等标准细分。监控这些指标，可以适时评估城乡低收入人群、困难人群、农村贫困人口、小微企业和农户贷款的金融资源获得情况及满意度。

3. 农村金融产品实际使用情况方面的指标

农村金融产品实际使用情况方面的指标包括农村人均贷款额，获得贷款的农户比例，农村信贷占国民总信贷比重，人均正规金融机构及非正规金融机构借款，人均银行卡使用与转账次数，农村保险深度与密度，以及过去三年通过借记卡、贷记卡、手机或者网络进行转账支付或购买支付的比例等。通过监控这类指标，适时评估农村普惠金融落实情况及发展绩效。

（二）设计原则

要在《推进普惠金融发展规划（2016—2010 年）》《G20 数字普惠金融高级原则》等文件的指引下，立足如下原则进行顶层设计。

1. 在盈利性与社会责任之间取得均衡

任何金融制度，离开了盈利性就不会有任何发展。但农村普惠金融制度必须在盈利性与社会责任之间取得均衡。社会责任主要表现在人本观、法律观、

第九章 提升城乡统筹发展福利的农村普惠金融制度创新

信用观和社会观四个方面，由于金融机构本质和市场经济本身的缺陷、相关法律滞后、社会价值观分化和利益相关者监管不够以及企业经营者素质的差异等原因，金融机构的社会责任观往往被忽视。因此必须从国家战略高度加强金融机构社会责任观改造，一是强化农村金融机构社会责任实现的内在机制。建立与和谐社会相适应的农村金融服务社会责任理念体系，以及实现社会进步、为社会创造价值，以诚信、可持续发展及共享为核心的农村金融机构文化体系。另一方面，通过完善政府监督和农村金融机构考核体系，尤其将农村普惠金融业务方面的指标纳入农村金融机构考核体系，并实施有效的奖惩措施，辅之以社会他律机制，对农村金融机构实施外部约束。

2. 通过市场机制实现农村普惠金融服务

农村普惠金融强调的是平等的信贷权力和机会，不是平均主义或者社会慈善活动，不能通过政府强制性扶贫及其他非市场化手段实现，必须探寻一种有中国特色的为农民及农村小微企业（经济组织）融资的市场化机制，及城乡生产要素（人、土地及技术）流转的金融支持机制，积聚社会各界资金力量，积极主动地去满足普惠金融需求。政府的作用是引导、政策扶持。只有通过市场化手段扩大金融机构支持民生发展的覆盖面和渗透率，才能保障农村普惠金融发展的可持续性。

3. 注意可持续发展

保本、微利应该成为农村普惠金融的基本价值观，这是金融机构可持续发展的基本前提。在实践中，农村普惠金融往往面对运营成本高、风险管理复杂的现实，因为它更多地服务于农村地区的农民、小微企业等特殊客户，以低收入群体居多，需要发展多种业务，产品种类需要相对齐全，并研发有针对性的产品，研发投入较大，如果要照顾到偏远地区、农村地区客户，需要金融机构有覆盖面较广的网络，同时农村普惠金融服务群体存在较大的信用风险，这使得一些农村普惠金融业务出现亏损，影响了可持续发展。这就需要从政策体制、渠道、产品和机制等方面实现突破，积极探索农村普惠金融体系建设经验，促进农村普惠型金融机构可持续发展。

4. 防范风险前提下注意创新发展

只有实施有效的农村普惠金融组织机构创新、业务创新以及产品创新，不断推出新的渠道建设、管理、考核、运营、风控模式，才能推进农村普惠金融的全面发展。如巴西在推动普惠金融发展方面十分注重金融创新。典型例子是推广代理银行业务模式。代理银行业务模式就是使银行与非银行机构在金融服务领域达成合作，这种合作使得普惠金融覆盖的范围扩大了一倍。但创新也要掌握度和原则，要防范风险。农村普惠金融的风险管理非常重要。合规经营、坚守风险底线也是普惠金融可持续发展的基础。

（三）内容体系

建设农村普惠金融是一项庞大的系统性工程，涉及经济社会发展的各个层面，主要包括农村普惠金融基础设施建设体系、制度体系、机构发展、市场体系、业务与产品、考核与评价体系、监管体系及投入结构。内容体系见表9-1。

表9-1　统筹城乡发展的农村普惠金融制度设计

农村普惠金融体系	具体内容体系	释义
基础设施建设体系	农村普惠金融运行的软硬件设施的规定与制度安排	硬件设施如网络发展；软件设施如支付体系、法律环境、公司治理、会计准则、信用环境、反洗钱、金融监管、金融安全网等
法律财税制度体系	农村普惠金融法律制度 农村普惠金融财税制度 农村普惠金融担保与补偿制度	以信用担保制度、财政补贴、税收制度建设为重点
机构发展	农村政策性金融机构 农村信用合作社、农村商业银行及农村合作银行；新型农村金融机构；其他非正规金融机构；大型工商银行；担保机构、保险机构	包括农业发展银行，开发银行，农业银行，村镇银行，资金互助社，小额贷款公司，民间金融形式，"工农中建交"五大国有控股银行及其他股份制、城市商业银行。形成政策性机构、商业性机构及农村新型金融机构竞争与合作，民间金融起到规范发展、拾遗补缺局面
市场体系	农村信贷市场、保险市场、农产品期货市场、农村资本市场	建立城乡统一的金融市场体系
业务与产品	小额信贷等一般性业务 创新性业务与产品设计	多样性与创新性为设计重点
考核与评价体系	盈利与可持续发展评价、风险评价、农村金融服务可获得性及使用情况评价；农村普惠金融知识宣传评价	主要从农村普惠金融服务的覆盖率、可获得性和使用情况三个维度对普惠金融业务进行评估。同时评估财务可持续性与风险
监管体系	监管对象、监管内容、监管目的	以机构为对象，基于风险控制的宏观审慎性监管。监管指标宜灵活设计
投入结构	支持城镇化、农村工业化、农业产业化、产业结构调整及城乡教育均等化等公共品投入	让资金资源流向城乡文化、经济、社会发展、环境统筹等各个方面

(四) 设计重点

1. 体制层面

设计的重点内容包括：农村普惠金融法律制度设计，这是农村普惠金融发展的基石，农村普惠金融机构行为及业务的开展都要依法进行；农村普惠金融信用体系设计，这是农村普惠金融健康发展的保障，也是整顿和规范农村普惠金融市场经济秩序的治本之策；民间金融纳入农村普惠金融体系的制度安排，此条在当前很紧迫，要求破除所有制歧视，规范民间金融行为。

2. 政策层面

重点在宏观层面实施农村普惠制金融的政策框架创新，辅以税收优惠、财政补贴、灵活监管、货币保险配套等政策。这是农村普惠金融初级发展阶段的客观要求，只有农村普惠金融主体发展成熟之后，市场机制才能起到主要作用，但政府在农村普惠金融发展中的作用始终是不可代替的。

3. 机制设计层面

在微观层面实施农村普惠制金融机构的组织、产品、业务创新，向农民、农村小微企业，尤其是向其中的低收入群体提供覆盖率高、可持续性强的信贷，通过技术和营销创新，实施分类准入标准，降低农户享受金融服务的门槛；探索城市商业银行与农村普惠金融机构有效对接的商业化运作机制。

通过以上体制、机制与政策层面创新设计，可以夯实农村普惠金融发展的制度基础，最终化解农村二元金融结构与二元经济结构的冲突，奠定城乡统筹发展的基石。

三、法制与征信建设：夯实农村普惠金融制度创新的保障基础

(一) 完善农村普惠金融发展与监管的法律体系

建议出台《农村普惠金融基本法》，以立法方式对农村普惠金融服务主体、服务对象的范围及服务方式进行界定，区分和明确商业性金融机构、开发性金融机构、政策性金融机构和政府之间在发展农村普惠金融制度方面的的定位和职能。对从事小额信贷的商业银行、政策性银行、农村信用合作社、新型农村金融机构的责任、权利及经营范围进行法律界定，尤其是对容易产生非法集资、变相吸储、发放高利贷等易脱离合作金融性质的农村资金合作社、小额贷

款公司等农村非银行金融机构,要进行立法规范。加紧筹划与适时推出《民间融资法》《放贷人条例》等法规体系,从法律上明确界定非法吸收公众存款、非法集资和正常民间借贷的界限,从而建立一个规范民间融资活动的秩序框架。完善《农业保险法》,对农业保险的政策扶持、再保险渠道的管理、险种设置、赔付等做出明确的规定,以构建农村普惠金融发展的风险分担机制。最后,对城乡土地经营权、宅基地使用权、农民技术专利权、设备财产使用权和场地使用权等财产权益,积极开展确权、登记、颁证、流转等方面的规章制度建设。

(二) 出台落实农村普惠金融发展的实施细则

对于农村普惠金融机构,尤其是目前大量涌现的新型农村金融机构的发展,要在业务模式、服务方式、财政补贴及税收减免优惠等方面出台具体措施,严禁变相提高贷款利率,严禁账外经营,严禁贷款资金流向泡沫产业和民间借贷市场。比如,目前小额贷款公司未来发展的政策细则还一直没有出台。迄今为止,几千亿的民间资金已经投了进去,但小额贷款公司到底算不算金融机构,还是一个悬而未决的问题;银行监管部门对村镇银行存放同业资金要不要计入存贷比考核指标?村镇银行能否运用一定比例的富余资金开办债券投资业务以及投资城市中营利性好的优质资产项目?村镇银行能否兼并重组农村存量机构或者接管其部分分支机构的业务?村镇银行能否跨邻近区域设立分支机构?等等。诸如此类问题,都需要做出明确规定。对农业保险政策的扶持细则也要宣传到位:比如税收扶持、健全财政补贴制及再保险机制等。

(三) 落实农村普惠金融服务对象的征信体系建设

征信在形式上表现为一种对履约能力及其可信程度所进行的一种综合分析和测定,它是农村普惠金融体系不可缺少的中介服务。完善农村普惠金融服务对象的征信体系建设,必须从政府、金融机构及农村普惠金融服务对象三方面入手,通过规范的、充分的信息披露约束,以及数据共享和交换机制,扩大农村普惠金融供需双方以信用为基础的市场交易领域,提升有关诚信记录登载部门的信息化水平。在政府层面,必须加快个人征信相关立法工作,制定相关的行政法规,规范信用资料的公开、合法、正当的收集与使用,建立必要的征信市场准入机制和数据模型认证机制,督促社会征信标准化建设。结合农村土地确权和林权改革,政府要积极稳妥地推进承包土地的经营权和农民住房财产权抵押担保贷款试点,健全完善林权抵押登记系统,扩大林权抵押贷款规模,推广以农业机械设备、运输工具、水域滩涂养殖权、承包土地收益权等为标的的新型抵押担保方式；在机构层面，普惠性金融机构作为社会征信体系建设的主体，首先要实现普惠金融业务数据的跨部门融合，加强与人民银行的支付清算系统和征信系统联通，获取较全面的有关农户和农村企业的信息，进一步规范借款人的信用评价方式、方法。准确把握客户的资信状况，重点建立低收入农村群体、农村小微企业信贷的风险预警和风险管理制度，通过签订严密的借贷合同，实施有效的抵押担保，制定严格的贷后管理跟踪、检测及加强内部信贷管理责任制度等措施防范风险；在普惠金融服务对象层面，则重点要求农村、县域企业建立起完善的个人信用积攒机制，积极倡导守信意识，为信誉良好者提供更多、更方便、价值更优惠的产品和服务，真正建立起特别服务机制。

第二节　微观层面：引入农村普惠金融供给侧改革创新机制

一、组织创新：农村普惠金融供给侧改革主体重铸

供给侧改革是通过对供给端实施结构性调整以实现资源优化配置的改革措施，于2015年11月由习总书记在中央经济工作会议上提出。2016年12月国务院、中共中央进一步在中央1号文件中提出"关于深入推进农业供给侧结构性改革，加快培育农业农村发展新动能的若干意见"，针对农村出现的适度规模经营、农业现代化与机械化、城乡一体化等农村经济新常态，提出要解决农村金融发展中普惠金融的需求与供给矛盾问题。加快普惠金融有效供给的关键，就是要重铸农村普惠金融供给侧改革主体，建立政策性金融机构为引导，新型农村金融机构、农村信用社、农村商业银行及农村合作银行为主力，民间金融为重要补充的竞争充分、多元化、可持续盈利的农村普惠型金融机构体系，以推进我国农村普惠金融形态向高级阶段发展。

（一）功能重置：突出政策性金融机构的引导地位

在农村普惠金融发展过程中，农业政策性金融机构在政策导向、政府调控、示范引导、信用保障等多方面具有不可替代的作用。因此，要突出以农业发展银行为主体的政策性金融机构在农村普惠金融体系建设中的引导地位。

首先要将农业发展银行的政策性业务集中管理，拓宽其业务范围，确定支

持目标和信贷投向重点,那就是要从支持"三农"发展和实现城乡统筹大局出发,重点支持农村主导产业、龙头企业信贷,积极帮助培植在国内外有品牌、有市场的大公司、大集团,支持农村城镇化、新型工业化项目。其次,为了提高农业发展银行抵抗风险的能力,必须改变其单一的向央行再贷款的融资方式,拓宽其筹资渠道。除常用的向中央银行再贷款、向国有商业银行发行金融债券外,需积极开创新的融资渠道,如增加财政资金来源,发行政策性金融债券,利用政府部门担保从国际金融组织和外国政府获得低息优惠贷款,从而降低资金成本。再次,农业发展银行要多承担一些农村普惠业务,以少量资金带动社会资金参与到农村普惠金融业务中来,从而使其真正发挥好引导功能。出于政策性原则的要求,其利率会低于一般的贷款利率,实行"微利保本"的经营原则,从根本上来说这不利于金融机构自身的发展,因此,政府应该采取一定的措施,对农业发展银行的农村普惠性业务给予相应的财政补偿,提高其市场竞争力。

(二)城乡对接:促进大型商业银行与农村新型金融机构的合作

在城乡一体化发展的第三个阶段,即工业化中期"反哺"阶段,农业比较利益相对提升,资金回流农村、工业反哺农业将得以实现,城市大型商业银行(主要指传统的五大国有控股银行即"工农中建交")转变经营思维、将目光投向"三农"将变得有利可图。此时是城市商业银行到农村开展可持续性金融服务,实现城市资金向农村回流及城乡资源对接的良好时机。当然,目前对于很多大型商业银行而言,支持农村与农业发展,向农村微型客户提供贷款,多多少少仍属于履行企业社会责任的范畴,或者是一项能够为金融机构带来社会认同度与美誉的义务性行为,因此,为了将这项行动上升为可持续的商业化行动,实施恰当的政策引导是十分必要的。政府要积极鼓励大中型商业银行,尤其是国有大型商业银行设立普惠金融事业部,与农村新型金融机构实施对接;对大型商业银行的农村普惠金融业务实行差别化考核评价办法和支持政策,有效缓解农村居民及农村小微企业融资难、融资贵的问题。

为了在城市大型商业银行与农村新型合作金融机构之间实现有效对接,首先,要扩大城市大型商业银行对农村新型金融机构的股权合作范围及力度。要进一步放开城市商业银行对农村新型金融机构的股权合作条件及相关限制,鼓励大型商业银行牵头在农村设立村镇银行。其次,利用比较优势及分工效应,推动城市大型商业银行向新型农村金融机构提供批发贷款及融资供给。城市大型商业银行可以积极开发针对农村群体的贷款工具,利用新型农村金融机构的

第九章 提升城乡统筹发展福利的农村普惠金融制度创新

渠道进行销售,增强两者之间的合作度。两者要充分利用资源共享方式,发挥互补优势。再次,大型商业银行还可以与农村新型金融机构共享农业产业化经营中的供应链金融模式。在当前农业产业化经营程度已经比较高的情况下,大型商业银行与农村中小金融机构要基于差异化和均等化原则,充当好供应金融链中核心企业与中小企业的融资服务商,在通过供应链整体化解风险的同时,解决农村中小企业融资难的问题。

大型商业银行的组织机构及业务操作模式也必须加以同步创新,包括组建小微信贷专业部门等,如包商银行在2005年探索引进了国际先进的小企业信贷技术,成立了微小企业金融部及小企业金融部,创造了全国知名的微小企业贷款业务品牌。同时,政府要对城市大型商业银行在农村开展可持续小额信贷服务实施激励考核机制以及财政税收优惠扶持机制。

(三) 构建农村新型合作金融

当前,我国以农村信用合作社、农村商业银行、农村合作银行及新型农村金融机构为代表的农村普惠金融供给主力,其普惠程度不高的根本原因就是脱离了"合作"这一性质。鉴此,要根据2015年我国农业改革顶层设计《深化农村改革综合性实施方案》的精神,规范农村信用合作组织的业务经营和监管问题。指导其本着坚持服务"三农"的本质要求,着力解决农民生产经营活动"小额、分散"的资金需求,促进农业及农村经济发展。

首先,对于有条件的农信社法人机构先行商业化,对不具备商业化条件的仍要维持合作制。无论是商业化还是合作制,坚持服务"三农"的宗旨不能变。监管部门适当放宽准入条件,让更多的农信社进入股份制改革的行列。要稳步推进法人治理结构改革,处理好法人治理结构和党委领导关系,双向介入,交叉任职;目前,高管提名还应放在省联社;业务量小、规模小的信用联社不必硬性强调三会配齐。

其次,依托合作社发展农村资金互助组织。我国要大力推进农村规模经营,重点就是发展农民专业合作社。焦点包括解决这些合作社的资金需求问题。要参考日本、韩国的农协经验,重点推进农村地区农民专业合作社开展信用合作试点,丰富农村地区金融机构类型。推进社区性农村资金互助组织发展,重点推进对象是农民合作社(综合社及专业社)和供销合作社,在这些组织内部发展资金互助社,必须坚持社员制、封闭性原则,坚持不对外吸储放贷、不支付固定回报、不对外投资、不以盈利为目的,杜绝乱集资及高利贷。同时完善自身治理结构及管理体制,做到民主决策,公开透明;坚持独立核算、规范运营,遵纪守法,诚实守信,发展新型农村金融合作。

(四) 实施新型农村金融机构的组织创新

新型农村金融机构作为农村普惠性微型金融机构的新生力量及主体,其发展方向及水平在很大程度上反映了农村普惠金融的发展深度,必须作为组织创新的重点对象。

1. 小额贷款公司的组织制度创新

要放宽小额贷款公司单一投资者持股比例限制,支持具备条件的小额贷款公司按照中国银监会等部委的规定申报转制为村镇银行,并积极解决小额贷款公司在改制为村镇银行时存在的困难;适度放宽小额贷款公司的准入条件,选择当地资金实力强、有社会责任感的民营骨干企业设立小额贷款公司,允许主发起人及其关联股东首次入股比例上限扩大到30%,鼓励小额贷款公司增资扩股,注册资本不设上限,结合块状经济、特色产业发展等实际,探索设立若干专业性、区域性较强的小额贷款公司;对运转效果良好的小额贷款公司要积极谋求扩大其后续资金来源的机制,以保证其可持续运转。可以借鉴孟加拉国通过建立专门的国家基金为小额贷款公司提供批发贷款的经验,建议国家通过招标,由商业银行或国家开发银行给运营好的小额贷款公司提供批发贷款,必要时国家给予部分担保。鼓励小额贷款公司向银行业金融机构融资,银行家数不设限制,小额贷款公司可向主要法人股东定向借款,并经主管部门批准后,可进行小额贷款公司之间的资金拆借。对运作良好的小额贷款公司,可以支持其到境内外上市融资。改变对小额贷款公司贷款的全部利息收税的做法,实施优惠税率以降低其成本。此外,向小额贷款公司开放中国人民银行的征信系统,以防范其信贷风险。按照"只贷不存、小额分散、规范经营、防范风险"的原则,逐步做精做专、做强做大小额贷款业务,把小额贷款公司培育成特色鲜明的金融性贷款公司以及服务小微企业与"三农"的新型地方金融组织。

2. 村镇银行的组织制度创新

针对目前村镇银行因为发起人单一而难以融入农村乡土的现实,必须清除体制阻碍,促进村镇银行资本多元化。要依据2006年银监会颁布的《关于调整放宽农村地区银行业金融机构准入政策更好支持社会主义新农村建设的若干意见》,以及2005年国务院出台的《关于鼓励支持和引导个体私营等非公有制经济发展的若干意见》相关精神,促进非公有经济尤其是民间金融参与组建村镇银行。要解决好发起人资格限制的问题,应审慎稳妥设计发起人资格的制度安排,原则上还是以银行为发起人,但必须同时推进非银行金融机构以及证券、保险机构作为发起人的试点;针对可持续发展问题,允许村镇银行在达到一定条件的情况下可以适度兼并重组农村地区存量金融机构和接管其部分分支机构的业务。允许村镇银行跨邻近区域发展业务。作为组织创新的配套措施,在财税制度及政策安排上,国家应就村镇银行的支农再贷款、银联入会费、财政性支农资金以及财政贴息、税收减免等问题方面加强协调,从减免年限、课税基础以及税率等方面依法提出减免和优惠。

(五)将邮政储蓄银行打造成社区银行

全国约45万个邮政储蓄银行网点大概有70%在农村,已植根于农村金融市场20多年,因此可以根据其在网点、客户及政策上的优势,创新邮政储蓄银行的组织制度并调整其经营制度。可以效仿西方发达国家和我国台湾、香港等地区邮政储蓄发展的成功经验,将邮政储蓄办成吸收居民储蓄并向中小企业和城乡社区发放贷款的社区型金融机构。这里的"社区"最大以县(市)为单位,一般以乡镇为单位比较合适。根据银监会对社区银行的定义以及美国社区银行发展的经验,改制成的社区银行应该实行股份制,通过设立股东大会、董事会、监事会等"三会"完善内控制度,通过吸收当地民营资本、民间金融等途径实现股权多元化和股东的相互制衡,以健全公司治理机制。与一般股份制商业银行不同的是,要将其基本职能定位于向当地农村及小微企业提供金融服务。为了保证把在本地区吸收的存款继续投放在本地区,推动当地经济的发展,不能设立跨区的社区银行。社区银行不跨区,将本地市场吸收的资金运用在本地市场,能够在一定程度上缓解"虹吸现象"及其可能导致的负面影响。

在实施组织制度创新的同时,也要随之调整邮政储蓄的业务范围,完善改制成功的邮政储蓄银行的职能,将邮政储蓄银行的业务与农业银行或是农村信用联社的储蓄代办业务结合起来,使农村资金留在农村,建立农村资金的良性循环机制。同时重点在县域近郊尤其是广大农村地区扩大存贷款双重业务,邮政储蓄发放贷款外的富余资金,可继续通过购买农业发展银行、其他金融机构的金融债券或拆借给农村信用联社等形式将资金返还到农村地区。在向社区银行改制过程中,要逐步优化渠道,搭建电商平台,坚持以科技为引领,走集约化、智能型的普惠金融发展路子。

(六)疏通民间金融机构纳入农村普惠金融体系的渠道

民间金融对于农村金融市场的信息不对称、交易成本高、风险大等信贷特征具有天然的适应性,是农村普惠金融体系的重要组成部分,目前要做的就是克服管得过死及放任自由两个极端倾向，疏通其纳入农村普惠金融体系的渠道。必须公开民间资本进入银行体系的审批标准和流程，给民间资本指出一条走向合法经营、自由竞争的明路。组织专门机构、专业人员认真研究农村钱庄、标会、互助基金会等民间金融组织的法律地位、运行规则等问题。采取措施切实改善民间借贷发展的市场环境和制度环境，充分发挥其在农村经济发展中的积极作用。加紧筹划与适时推出《民间融资法》《放贷人条例》等法规体系，从法律上明确界定非法吸收公众存款、非法集资和正常民间借贷的界限，从而建立一个规范民间融资活动的秩序框架。在加强监管、不断完善对其管理的同时，为民间借贷构筑一个合法的活动平台，以规范、约束和保护正常的民间借贷行为，促进正当的民间金融活动摆脱灰色金融的身份，使其在农村普惠金融体系中充分发挥拾遗补缺的作用。

二、业务与产品创新：丰富农村普惠金融服务边界

以新理念、新技术降低金融服务成本、提高金融服务覆盖面，是 G20 杭州峰会提出的数字普惠金融的核心内容。要积极引导普惠金融服务机构依托大数据、云平台、区块链技术等信息与通讯手段，运用数字技术将互联网金融服务延伸到广大的农村地区，尤其是偏远地区。与此同时，要适应当前农业生产经营方式的转变，创新农村普惠金融机构的融资方式与工具。

（一）推广数字普惠金融：拓展农村金融服务长尾市场

根据安德森（2004）的长尾理论[1]，只要产品的存储与流通渠道足够广阔，一些微利产品所共同占据的市场份额也可以足够大，足以匹敌甚至超过那些少数热销产品。在网络时代，由于关注的成本大大降低，人们有可能以很低的成本关注正态分布曲线的"尾部"，导致关注"尾部"产生的总体效益可能会超过"头部"。因此在长尾理论下作为农村普惠金融代表的微型金融平均成本会降低，利润会增加，这正是以互联网、数字技术为核心的技术进步导致农村普惠金融收益与传统金融收益趋同的关键。互联网金融"开放、平等、合作、分享"的精神符合长尾市场个性化、碎片化、非标准化的金融需求，在此平台基础上搭建的数字经济、数字化社会在未来十年、二十年必将快速发展。

互联网与数字技术能普及农村普惠金融服务的机制存在于三个方面：首

---

[1] 克里斯·安德森. 长尾理论[M]. 北京：中信出版社，2006.

第九章 提升城乡统筹发展福利的农村普惠金融制度创新

先,能显著解决农村金融市场信息不对称的问题。利用当今世界最大数据库的互联网,可以汇集海量的农村小微企业与农民的项目投资与资金需求信息,尤其是关于抵押物、还款能力等信用方面的信息。如果能有效地将这些信息加以分类、甄别及分析,就能使资金供求双方信息公开透明化,减少信息不对称;其次,农村互联网金融的发展可以降低金融机构成本,深化农村金融服务。利用大数据及其他互联网技术,银行可以在贷款对象甄别、信用评级、抵押物处置、信贷审批、贷款发放与回收方面重铸高效、简洁的流程,与传统的通过营业网点、柜台服务及财产担保方式相比,利用大数据进行线上信用评级及贷款发放,显著地降低了交易成本。最后,扩大了普惠金融服务范围及方式。我国农村地区地域广袤,许多偏远区域金融网点缺乏。互联网金融依托覆盖全球的电子信号,以及第三方支付、移动数字支付、P2P模式、众筹模式等金融创新方式,可以突破空间瓶颈,能为偏僻分散地区的农户、农村小微企业,尤其是对其中的低收入群体提供全方位的金融服务。

因此,根据十八届三中全会正式提出的"发展普惠金融。鼓励金融创新,丰富金融市场层次和产品"精神,加快互联网在农村地区的普及,发展数字普惠金融,对于农村普惠金融的可持续发展十分有利。

第一,完善农村数字普惠金融的基础设施建设。要在农村及农业部门开发建设多种移动服务平台和网络,提高农村宽带普及率。到 2020 年"十三五"末,实现 100% 以上行政村通光缆,农村宽带接入能力达到 4M,农村家庭宽带普及率达到 80% 以上,最终消除农村数字金融服务发展与数字金融服务获取的障碍,让无法获得金融服务的农村群体(尤其是贫困人口、女性和老年人)易于获得和使用移动电话和网络装置。

第二,接受以小额分散的农村客户为中心的产品设计理念,关注这类客户的需求、偏好、行为,促进无法获得和缺乏金融服务的农村群体获取和使用数字金融服务;为无法获得金融服务的农村群体提供低成本的基础性交易账户,此账户能够用于数字支付并提供安全存储。

第三,通过互联网金融迅速的时空转换,实现农村金融产品创新、金融业务流程创新和金融机构创新。金融机构要积极通过大数据技术,将分散的农民和企业的各类信息进行整合处理,解决信息不对称问题,创新信用模式并扩大贷款抵质押担保物范围。在互联网金融思维影响下的金融机构,可以向农民、小微企业提供创新的、定制的微型金融服务,从而惠及每一个普惠金融体系的参与者。

第四,各类金融机构可以借助互联网金融的平台,突破物理网点的限制,通过POS机、手机银行和网上银行等方式向客户提供存款、支付、授信等一系列电子化的金融服务，降低农民获取金融服务的门槛，优化普惠金融的业务流程体系。通过将互联网金融文化接入普惠金融体系，在未来将促进农村金融信用评级的科学化、规范化，形成全方位的征信体系，让金融机构可以提供更加完善的服务，从总体上提升农村普惠金融体系的效率。

国内的农村金融机构可以借鉴印度尼西亚人民银行（BRI）通过信息通讯技术实现金融服务普惠化的成功案例，将农村互联网金融的发展落实到实处。BIR是一家实现盈利并曾被《亚洲货币》评为最佳上市公司的普惠型银行，它通过在城乡广泛设立社区银行分支和各种形式的营业网点，实施"以量取胜"的中、小、微市场全覆盖，对低端客户提供储蓄、保险和支付服务等全牌照服务，其成功之处，就是引入了数字银行的O2O可持续商业模式。国内的农村金融机构要积极创造条件，引进一些基于大数据分析技术的"天云接地气"互联网手机及其他移动支付应用系统，让农村小微客户可以根据手机类型、网络环境等条件选择电话银行、短信银行、手机银行、网络银行等模式并灵活切换。通过大数据分析技术在线进行广告投放、客户筛选、信贷审批，实现无网点服务，不仅极大降低操作成本，同时还能克服地理障碍，为偏远地区居民提供有效服务，在分散的客户群体中降低碎片化业务的成本。

（二）融资工具创新：适应农业生产经营方式转变

《中共中央关于制定国民经济和社会发展第十三个五年规划的建议》提出要构建培育新型农业经营主体的政策体系，大力发展农业社会化服务，积极推广合作式、托管式、订单式等服务形式。"新型经营主体＋社会化服务＋适度规模经营"是发展现代农业的重要路径，也是统筹城乡一体化发展的重要抓手。

金融创新是制度变革的产物。为此，适应农村生产组织多样化、智能化、专业化、小型化的发展趋势，要根据2014年中国人民银行下发的《关于做好家庭农场等新型农业经营主体金融服务的指导意见》，针对家庭农场、龙头企业、农民专业合作社、专业大户等农业规模化经营主体，积极开展产业链融资（公司＋农户＋信贷等形式，或称供应链融资）。具体做法是，商业银行或其他农村金融机构可以依据其庞大的营业网点优势，针对各地的特色选择核心农业企业，为核心企业链条上的上中下游企业和客户提供金融服务。一方面，对银行来说，通过监督核心企业对上下游中小企业的资金流和物流实施有效管理，可以将单个农业企业的不可控风险转变为供应链企业整体的可控风险，通过立

第九章 提升城乡统筹发展福利的农村普惠金融制度创新

体获取各类信息,将风险控制在最低;另一方面,资质相对较低的农村小微企业通过供应链金融与其核心企业合作,不仅解决了资金问题,同时也提升了信用度。金融机构发展农业供应链金融,客观上也促进了农业产业化与规模化经营,能够促进传统农业的产业升级和现代化,缩减城乡生产率的巨大差异。此外,鼓励银行推出联保贷款、联合增信(政银保、行业协会+联保基金+银行等形式),与保险公司联合推出"信贷+保险"产品;拓展直接融资工具,包括发行区域金融债券、中小企业集合票据、小微企业和"三农"专项金融债,在当前IPO加速的有利情形下推进更多的地区性农村商业银行、农村中小企业发行上市;在全国中小企业股份转让系统(新三板)中也要增加农商行、小额贷款公司挂牌的额度,支付符合条件的涉农企业在多层次资本市场上融资。

三、风险分担与补偿:夯实农村普惠金融发展的保障机制

农村普惠金融发展的风险分担与补偿机制是由包含信贷、证券、保险、期货、担保分工配合、相辅相成的农村金融市场体系来实现的。

(一)建立农村普惠金融发展的风险分担机制

农村普惠金融发展中的风险分担是指由政府、普惠性金融机构及其服务对象、担保中介等主体所组成的风险分散与损失承担机制。首先,由政府牵头或出资建立政策性担保公司,并带动其他市场化担保机构发展,为农村金融机构信贷提供担保。其次,扩大有效抵押品范围,创新林权、农民住房财产权、承包经营权等抵押,广泛开展基于农村林地经营权、土地承包经营权、海域承包经营权、农村房屋产权、大型农机具、收益权等开发的新型信贷品种。再次,推广农户、企业联保贷款机制,扩大联保贷款范围,以有效解决农户因抵押物缺乏而难获得信贷的难题。最后,金融机构还可以通过建立合作共生机制来化解彼此的业务风险。如新型微型金融机构要主动通过与发起人如发起银行之间合作,从服务链的角度来弱化信贷风险。由于涉及监管指标以及风险控制问题,目前村镇银行对于大型农户加工企业尚不能进行信贷投放,但发起银行可对其进行支持,从最开始的生产到加工、销售的产业链,发起银行可对村镇银行进行全程辅导,分担村镇银行的风险。

(二)完善农村普惠金融发展的风险补偿机制

农村普惠金融发展的风险补偿机制也应以政府为主导发起建立。首先,发

展农村政策性保险及商业性保险。政府要修订完善《农业保险法》，通过健全共保经营制度，完善农业灾害损失补偿制度，逐步完善保险责任和费率设置，丰富政策性农业保险品种目录体系，不断发展保险品种，鼓励各地开发特色品种保险等措施促进政策性保险业务的发展，推进补充保额型、价格型、收入型以及"保险＋期货""互联网＋农业保险""农业保险＋险资直投"等农村保险产品创新。与此同时，综合利用财政、税收、金融、再保险等经济手段以及其他技术支持来发展农业商业性保险，让保单成为贷款抵押物，形成保险和农村金融挂钩机制。同时，为了鼓励商业性农业保险的发展，政府可对从事农业保险业务的保险公司给予税费等优惠，如免除经营种植业、养殖业保险业务的全部营业税和所得税，允许经营主体从经营盈余中扣除一定比例的资金作为保险准备金，补贴险种的保险金额应覆盖直接物化成本以增加经营主体的资金实力。其次，建立农村普惠金融风险补偿基金。建议建立由中央政府、地方政府、保险机构及金融机构共同出资建立农业贷款风险补偿基金，允许对所有银行按照当年营业收入的一定比例征收基金，补贴给发放农户贷款的金融机构，以降低普惠金融机构的成本与风险，补偿金融机构的普惠金融业务损失，最大限度地保护农村普性金融机构的持续经营和发展能力。再次，强化国家财政、税收对于农村普惠金融机构及业务的支持力度。通过建立财政贴补的常规机制，对农村普惠金融机构给予税费优惠、损失补贴、财政增补资本金、实行差别准备金、扩大利率浮动区间、立法限制农村资金流出等措施，减轻农村金融机构负担，增强农村金融机构承担风险的能力。

附表1 《农村普惠金融统筹城乡发展》问卷调查表[①]

（本调查表纯属研究用途，您的信息会受到保密。感谢配合！）

受调查人：姓名_____ 姓别_____ 学历_____

时间：_____年____月____日

调查地点：_____省_____市（县）_____镇_____村

第一部分 农村普惠金融统筹城乡发展问卷调查表

1. 您家庭有银行卡（   ）张，其中，信用卡有（   ）张。每年使用银行卡的次数约为（   ）次。

2. 您家在银行开设的账户有（   ）个。平均每年办理转账约（   ）次，使用自动取款机存、取款约（   ）次。

3. 您三年内有没有借款（   ），如果有，借款的目的是（   ）。
A. 教育支出 B. 看病 C. 农业生产 D. 搞经营做投资 E. 建房支出 F. 婚丧

4. 您最近一次借款额度为（   ）元，向（   ）借的款，期限（   ）年。
A. 银行 B. 信用社 C. 高利贷 D. 亲戚朋友

5. 您目前有贷款需要吗（   ）？如果有，您的贷款需求是（   ）元。

6. 您借钱或者贷款感到困难的原因是（   ）。
A. 缺少抵押物或担保 B. 银行贷款设置了门槛，有限制，对农民有歧

---

① 注：调查对象以城乡居民为主，城镇金融机构为辅。需要向调查者进行解释，有些数字可以估算。

视 C. 手续复杂，觉得麻烦 D. 自己不够贷款条件 E. 专门针对农民的中小新型银行缺乏 F. 利率成本高

7. 您家庭每年可以存款（　　）元。

8. 最近的银行或者邮政储蓄银行或者信用社离您家有（　　）里。

9. 您所在的镇有农业银行（　　）家，信用社（　　）家，邮政储蓄银行（　　）家，农村商业银行（　　）家，村镇银行（　　）家，其他金融机构是（　　）有（　　）家。这些金融机构人员大约有（　　）人。你所在的镇拥有自动取款机 ATM 约（　　）台。其他如"农金通"或助农取款 POS 机等（　　）台。

10. 调查一家镇上的农业银行（或信用社、邮储银行等），有没有推出针对农民及小企业的创新性的金融产品或服务？
    A. 没有 B. 有，是＿＿＿＿＿＿＿＿＿＿＿＿＿＿＿＿＿＿＿＿。

11. 您家是否购买了商业性保险公司的保险，如果购买了，则年保险费支出为（　　）元。

12. 您觉得为了解决贷款难的问题，银行等金融机构应（　　）。
    A. 贷款要更优惠 B. 贷款流程要简化 C. 贷款条件要宽松 D. 要提供个性化的产品与服务 E. 多支持农村经济发展

13. 你是否通过电脑或移动手机进行网上购物与网上支付（　　）。
    A. 是 B. 否

14. 您觉得银行的贷款支持及金融服务便利性能有效减少城乡差距吗？
    A. 能 B. 不能

第二部分　城乡统筹发展调查

1. 您户口所在地为（　　）。
   A. 城市 B. 镇上 C. 农村

2. 您家人口数为（　　）人，其中劳动力（　　）人，劳动人口中就业（有正式或非正式工作）的为（　　）人，在城镇打工（　　）人。

3. 您家是否开通了网线（　　），是否安装了固定电话（　　）。
   D. 是 E. 否

4. 您家庭年收入为（　　）元，其中农业收入为（　　）元。您收入的主要来源是（　　）。

附表1 《农村普惠金融统筹城乡发展》问卷调查表

A. 作物种植　B. 果蔬及经济作物　C. 禽畜水产养殖
D. 打工收入　E. 个体工商业收入　F. 其他

5. 您每年用在生产方面的支出为（　　）元；用于经营、做生意方面的支出为（　　）元；用于子女教育方面的支出为（　　）元；用在医疗健康保健方面的支出为（　　）元；用于养老等社会保障方面的支出为（　　）元；用于生活消费方面的支出为（　　）元。

6. 您所在的城镇估计有人口（　　）人，或者所在的村估计有（　　）户，估计有人口（　　）多少人。

7. 您所在的村（或城镇）拥有医院（　　）家，通过网上查找或询问，这些医院共有医护人员大约（　　）人，拥有医疗床位约（　　）张。

8. 近五年您用于建房等固定资产投资方面的支出为（　　）元。

9. 你家拥有的诸如车辆（汽车、摩托车、自行车等），电器（电冰箱、洗衣机、热水器、太阳能、电视、手机、收录机）等耐用消费品价值约（　　）元。

10. 您家住房人均建筑面积约（　　）平方米。

11. 同城镇人员相比较，农村务工人员觉得哪些方面有不同？（　　）。

A. 身份地位差别明显　B. 生活质量差　C. 福利保障低　D. 收入少
E. 小孩在城镇上学难

12. 您觉得农村与城市差距。

A. 扩大了　B. 缩小了　C. 没变化

13. 您认为减小农村和城镇发展差距的途径包括（　　）。

A. 农民进城务工　B. 银行等金融机构通过贷款等服务支持农村经济发展　C. 农村城镇化　D. 农民市民化　E. 土地承包进行规模经营
F. 加快养殖大户与村镇企业发展　G. 穷人都能平等地获得资金的借贷以及支付结算等金融服务

附表2 《谷城县农村普惠金融发展》专题问卷调查表

（本调查表纯属学术研究用途，您的信息会受到严格保密。感谢配合！）

受调查人：姓名_____　　调查地点：湖北省谷城县_____镇_____村

1. 您的年龄（　　）。
   A. 20~35 岁　B. 36~50 岁　C. 51~65 岁　D. 65 岁以上

2. 您的文化程度（　　）。
   A. 初中及以下　B. 高中学历　C. 大专及以上

3. 您户口所在地为（　　）。
   A. 城镇　B. 农村

4. 您近年来有没有借款经历（　　）。
   A. 有　B. 没有

5. 如果有，借款的用途是（　　）。
   A. 教育支出　B. 看病　C. 农业生产　D. 搞经营做投资
   E. 住房支出　F. 婚丧　G. 其他

6. 您最近一次借款额度为（　　）元。
   A. 1 万以下　B. 1~5 万　C. 5~10 万　D. 10~20 万　E. 20 万以上

7. 向（　　）借的款，期限（　　）年。
   A. 银行　B. 信用社　C. 高利贷　D. 亲戚朋友　E，网上小额贷款平台

8. 若您没有借款经历，那么原因是（　　）。
   A. 确实不需要　B. 觉得借款困难，不愿意借

9. 您了解到借钱或者贷款困难的原因是（　　）。
   A. 缺少抵押物或担保　B. 银行贷款设置了门槛，有限制，对农民有歧视　C. 手续复杂，觉得麻烦　D. 自己不够贷款条件　E. 专门针对农民的中小新型银行缺乏　F. 利率成本高

附表2　《谷城县农村普惠金融发展》专题问卷调查表

10. 假设您目前有贷款需要,那么您的贷款需求为(　　)。
　　A. 1万以下　B. 1~5万　C. 5~10万　D. 10万以上
11. 如果您将来需要借款,您更希望向(　　)借的款,期限(　　)年。
　　A. 银行　B. 信用社　C. 高利贷　D. 亲戚朋友　E. 网上小额贷款平台
12. 您是否了解农民贷款的相关优惠政策(　　)?
　　A. 有　B. 没有
13. 如果您了解这些相关政策,您是通过什么方式了解的(　　)。
　　A. 自行咨询　B. 从亲朋得知　C. 政府宣传　D. 银行宣传　E. 电视媒体
14. 您觉得银行的贷款支持对您的资金短缺问题有何帮助(　　)
　　A. 很大改善　B. 基本解决　C. 作用很小　D. 完全没作用

附表3 东、中、西、东北部地区农村金融机构数及其从业人员数（2007—2015年）

表1 我国东部10省市2010—2015年农村金融机构数　　　　单位：个

年份	北京	天津	河北	上海	江苏	浙江	福建	山东	海南	广东	合计
2007	1191	897	6252	774	5495	5419	2719	8551	722	8086	40106
2008	1213	847	6220	780	5457	5510	2723	6762	722	7054	37288
2009	1234	884	6251	803	4386	4824	2716	8211	726	6937	36972
2010	1224	970	6210	785	5501	5648	2774	8090	734	7685	39621
2011	1233	993	6203	809	5471	5823	2830	8090	756	7736	39944
2012	1236	1010	6021	839	5612	5937	2861	8209	764	7774	40263
2013	1259	1034	6350	868	5705	6052	2931	8277	786	7951	41213
2014	1291	1054	6412	875	5853	6400	2975	8155	803	8004	41822
2015	1299	1083	6490	911	5970	6121	3058	8908	831	8088	42759

数据来源：据《中国区域金融运行报告》各年数据进行计算得到。

表2 我国东部10省市2010—2015年农村金融机构从业人数　　　　单位：人

年份	北京	天津	河北	上海	江苏	浙江	福建	山东	海南	广东	合计
2007	11302	7868	63222	8699	47504	50334	24401	71694	5343	76822	367189
2008	10212	7886	55463	7423	50928	42508	25148	61192	5679	69710	336149
2009	10756	9461	62750	7610	44070	61712	27332	63283	5720	74960	367654
2010	9533	9734	63807	7764	44334	57687	22122	65697	5834	83437	369949
2011	9253	9606	59567	8089	47735	53332	22597	74952	6504	78719	370354
2012	9525	10357	61150	8717	51729	57891	24466	77409	5739	95057	402040
2013	10737	11131	59885	9427	55941	62108	26053	82113	6034	89943	413372

附表3 东、中、西、东北部地区农村金融机构数及其从业人员数（2007—2015年）

续表

年份	北京	天津	河北	上海	江苏	浙江	福建	山东	海南	广东	合计
2014	11890	11903	59333	12865	58599	71654	27154	87246	7030	100959	448633
2015	12724	12516	51336	9898	61307	64345	28110	86383	7747	104066	438432

数据来源：据《中国区域金融运行报告》各年数据进行计算得到。

表3 我国中部6省市2010—2015年农村金融机构数

年份	山西	安徽	江西	河南	湖北	湖南	合计
2007	2450	4787	3726	8002	3798	6310	29073
2008	3211	4637	3967	7787	3708	6051	29361
2009	3704	4734	3952	5609	3743	6179	27921
2010	3572	4621	3824	7677	3710	6096	31510
2011	4179	5056	3979	7772	3756	6228	32981
2012	4092	3814	4025	7776	3731	6256	31706
2013	4710	4873	4084	7881	3905	6177	31630
2014	3463	4976	4142	7824	3930	6203	32552
2015	4350	5528	4180	8026	3868	6206	32158

数据来源：据《中国区域金融运行报告》各年数据进行计算得到。

表4 我国中部6省市2007—2015年农村金融机构从业人员数

年份	山西	安徽	江西	河南	湖北	湖南	合计
2007	29919	33443	30113	63824	36178	44285	237762
2008	30767	32149	29906	67210	30246	39273	229551
2009	38444	39985	31121	64673	33581	42932	250736
2010	39443	41358	31735	67836	33344	43082	256798
2011	47033	46140	33986	67755	34525	45830	275269
2012	44792	45513	36288	80857	36826	46338	290614
2013	55928	48433	37921	83276	39725	46760	312043
2014	54380	48337	39718	75341	40517	47906	306199
2015	51491	56546	42559	86623	41820	55210	334249

数据来源：据《中国区域金融运行报告》各年数据进行计算得到。

表5　我国东北部3省市2007—2015年农村金融机构数

年份	辽宁	吉林	黑龙江	合计
2007	4046	2805	3524	10375
2008	4025	2749	3578	10352
2009	2443	2778	3573	8794
2010	4032	2880	3537	10449
2011	4177	2609	3605	10391
2012	3262	2659	3675	9596
2013	4177	2648	3700	10525
2014	4078	2748	3624	10450
2015	4106	2809	3743	10658

数据来源：据《中国区域金融运行报告》各年数据进行计算得到。

表6　我国东北部3省市2007—2015年农村金融机构从业人员数

年份	辽宁	吉林	黑龙江	合计
2007	36470	28156	27666	92292
2008	42962	24798	36225	103985
2009	32473	25391	38424	96288
2010	39751	33459	37049	110259
2011	45395	33173	37636	116204
2012	41162	32030	39960	113152
2013	52488	33645	44685	130818
2014	51477	35662	46571	133710
2015	54457	38251	47339	140047

数据来源：据《中国区域金融运行报告》各年数据进行计算得到。

表7　我国西部12省市2007—2015年农村金融机构数

年份	重庆	四川	贵州	云南	西藏	陕西	甘肃	青海	宁夏	新疆	广西	内蒙古	合计
2007	2472	8782	2617	3188	48	4112	2875	508	542	1671	3126	3175	33116
2008	2693	8222	2640	2375	49	4096	2573	489	544	1027	2388	2495	29591

附表3 东、中、西、东北部地区农村金融机构数及其从业人员数（2007—2015年）

续表

年份	重庆	四川	贵州	云南	西藏	陕西	甘肃	青海	宁夏	新疆	广西	内蒙古	合计
2009	2653	8587	2335	3252	50	4020	2768	468	552	1390	3215	2908	32198
2010	2637	8638	2716	3224	67	4131	2646	495	560	1640	3207	2703	32664
2011	3468	8870	2994	3230	74	4176	2878	527	583	1830	3248	2721	34599
2012	3509	8994	3068	3275	75	4205	2799	536	591	1676	3363	3183	35274
2013	3548	9088	3238	3300	75	4228	2873	551	600	1765	3446	2559	35271
2014	3573	9144	3325	3317	76	4128	2889	560	615	1817	3535	2470	35449
2015	2598	9199	3402	3335	79	4249	2974	529	808	1892	3572	2590	35227

数据来源：据《中国区域金融运行报告》各年数据进行计算得到。

表8 我国西部12省市2007—2015年农村金融机构从业人员数

年份	重庆	四川	贵州	云南	西藏	陕西	甘肃	青海	宁夏	新疆	广西	内蒙古	合计
2007	14035	56219	17557	24546	411	26317	13785	3240	5326	14171	26329	24637	226573
2008	15563	52185	16418	18984	161	26593	15743	3297	6004	9783	24454	24408	213593
2009	15887	54443	19682	25531	191	27482	16709	2988	6198	12208	30872	30518	242709
2010	18345	79076	23492	22483	207	27478	19606	2940	6123	13153	31184	34054	278141
2011	19727	81866	23340	22622	242	31534	19733	3270	6387	15816	33773	32020	290330
2012	21037	86948	23669	24198	292	31551	21897	4363	6673	17669	35878	38613	312788
2013	22127	92484	26609	24150	558	35864	20319	4520	7086	16629	37803	32975	321124
2014	22575	97211	29696	25749	265	34065	21106	4522	7220	17602	38589	34879	333479
2015	23238	96816	31706	26067	286	33354	22429	4990	9632	17952	38034	35225	339729

数据来源：据《中国区域金融运行报告》各年数据进行计算得到。

附表4 各地区涉农信贷与储蓄

表1 各地区涉农贷款　　　　单位：亿元人民币

地区\年	2015	2014	2013	2012	2011	2010	2009
全国	263522.00	236002.10	208893.00	176310.00	146016.00	117679.10	90756.81
北京	2660.33	2595.00	2319.03	1810.00	1666.67	1162.69	817.07
天津	2912.09	2553.00	2185.79	1652.00	1456.79	1138.09	714.12
河北	13388.72	11758.00	10153.71	8412.00	6805.83	5149.32	4010.37
山西	8245.73	7402.00	6656.47	5402.00	4391.87	3283.56	2423.29
内蒙古	6560.42	5579.00	4881.01	3967.00	3128.55	2414.49	1530.77
辽宁	7395.95	6639.00	5880.43	4800.00	3864.73	2990.19	2251.99
吉林	5331.59	4257.00	3424.78	2660.00	2254.24	2056.17	1686.77
黑龙江	7312.90	5724.00	4668.84	3909.00	3301.52	2754.96	2067.82
上海	2187.97	1975.00	1769.71	1488.00	1338.13	936.93	813.24
江苏	26128.47	24182.00	22684.80	20781.00	17992.21	14939.60	11556.90
浙江	30382.83	28911.00	28371.93	25011.00	21177.82	17851.39	14125.17
安徽	8522.93	7418.00	6323.96	5117.00	4045.06	3093.29	2314.12
福建	11315.28	10141.00	8521.85	7124.00	5745.16	4561.80	3461.15
江西	7188.41	6132.00	5118.53	4187.00	3336.25	2696.97	2173.75
山东	23378.79	21649.00	19192.38	16760.00	14131.53	11590.77	9202.68
河南	13508.15	11710.00	9949.02	8304.00	7103.51	5997.08	4699.54
湖北	7702.22	6576.00	5620.51	4632.00	3781.22	2985.11	2242.76
湖南	7887.32	6719.00	5837.53	4701.00	3943.79	3109.96	2594.23
广东	9269.52	8983.00	7956.60	6630.00	5515.81	4555.57	3917.76

续表

地区＼年	2015	2014	2013	2012	2011	2010	2009
广西	6002.66	5479.00	4776.81	3955.00	3197.25	2556.02	1907.76
海南	1436.18	1246.00	1072.29	1004.00	764.08	538.45	360.92
重庆	4375.12	3940.00	3384.88	2803.00	2416.38	1970.52	1570.64
四川	13804.72	12379.00	10755.00	9003.00	7307.63	5799.89	4443.68
贵州	6003.31	4848.00	3835.44	3111.00	2643.16	2088.14	1480.64
云南	7135.47	6234.00	5591.03	4914.00	4192.83	3604.94	2936.58
西藏	413.06	297.00	149.92	89.00	78.76	56.27	50.63
陕西	5454.38	4803.00	4292.23	3125.00	2536.53	1952.23	1561.41
甘肃	5274.41	4142.00	3332.26	2640.00	2067.35	1648.00	1186.04
青海	1825.25	1543.00	1319.93	1010.00	829.91	641.25	457.12
宁夏	1685.53	1626.00	1421.33	1135.00	928.05	738.89	588.15
新疆	5823.26	5451.00	4695.09	3878.00	3058.36	2278.59	1609.74

数据来源：《中国金融年鉴》各期。

表2　各地区涉农储蓄　　　　　　　　　　　　　　　单位：亿元人民币

地区＼年	2015	2014	2013	2012	2011	2010	2009
全国	125,462.66	116,104.17	101,268.71	54,615.64	70,672.85	59,080.35	49,277.61
北京	2,457.32	2,189.56	1,945.11	1,804.35	1,540.86	1,302.01	1,089.08
天津	1,254.85	1,114.71	1,005.37	883.14	762.40	695.51	631.23
河北	7,784.23	7,484.91	6,590.06	5,765.05	4,942.68	4,158.38	3,546.22
山西	4,127.54	4,036.22	3,646.16	3,055.05	2,597.66	2,171.85	1,865.51
内蒙古	2,454.72	2,204.53	1,986.12	1,705.68	1,372.48	1,042.25	823.10
辽宁	3,021.41	2,970.73	2,627.26	2,299.37	1,933.24	1,605.06	1,361.76
吉林	1,825.43	1,766.01	1,526.00	1,307.95	1,118.62	1,006.31	904.49
黑龙江	2,120.41	2,014.93	1,599.72	1,329.63	1,105.10	918.85	760.75
上海	1,825.63	1,789.08	1,628.89	1,429.06	1,183.97	1,012.11	861.73
江苏	9,878.88	8,363.06	7,114.58	5,741.91	4,653.77	4,069.92	3,416.88
浙江	9,253.64	9,060.87	8,118.43	6,890.21	5,800.09	4,962.89	4,189.78
安徽	4,523.22	4,201.98	3,505.36	2,815.49	2,240.42	1,768.71	1,437.08
福建	2,442.54	2,390.87	2,068.42	1,735.99	1,414.03	1,179.40	983.11

续表

地区\年	2015	2014	2013	2012	2011	2010	2009
江西	3,355.65	3,269.71	2,797.98	2,313.05	1,844.87	1,454.15	1,144.90
山东	10,233.52	10,217.97	8,991.61	7,765.94	6,517.67	5,607.27	4,764.21
河南	6,875.24	6,518.78	5,670.52	4,724.35	3,838.64	3,234.85	2,765.44
湖北	3,354.27	3,217.62	2,701.84	2,167.04	1,743.31	1,403.09	1,099.30
湖南	4,587.84	4,453.63	3,782.80	3,189.23	2,667.60	2,211.32	1,869.80
广东	12,548.72	11,549.48	10,484.27	9,172.58	7,969.37	6,961.63	5,934.04
广西	3,288.78	3,219.78	2,749.87	2,317.36	1,889.80	1,502.83	1,142.03
海南	558.57	534.01	441.73	356.59	269.36	210.82	148.41
重庆	3,025.42	2,990.61	2,537.14	2,152.91	1,778.15	1,451.06	446.70
四川	8,125.31	7,097.46	5,928.99	4,844.27	3,866.50	3,089.60	1,169.03
贵州	2,425.54	2,366.06	2,064.66	1,525.88	1,207.12	927.04	2,582.91
云南	3,754.78	3,614.98	3,182.94	2,615.27	2,107.68	1,660.86	723.74
西藏	1,655.25	1,545.36	1,427.74	1,247.84	1,254.72	1,154.74	1,290.40
陕西	3,565.52	3,407.19	2,972.24	2,456.63	1,993.43	1,648.11	1,452.34
甘肃	2,004.52	1,928.02	1,675.91	1,346.81	1,087.44	856.09	1,364.26
青海	1,002.55	925.85	857.96	857.45	955.61	758.98	523.37
宁夏	705.58	603.22	527.51	444.39	327.49	270.10	75.06
新疆	1,425.78	1,277.67	1,185.43	1,007.18	766.08	598.09	205.61

数据来源：《中国金融年鉴》各期。

参考文献

[1] A. C. Pigou. The Economics of Welfare [M]. London: London Maomillan, 1929.

[2] Ambarkhane D, AS Singh and B Venkataramani. Developing a Comprehensive Financial Inclusion Index [R]. Available at SSRN 2485776, 2014.

[3] Arora R U. Measuring Financial Access [R]. Griffith University, Discussion Paper in Economics, 2010 (7).

[4] Banerjee, A. and A. Newman, Occupational Choice and the Process of Development [J]. Journal of Political Economy, 1993, 101 (2): 274−298.

[5] Beck T, Demirgtic−Kunt, Reaching out: Access to and use of banking services across countries [J], Journal of Financial Economics, 2007, 85 (1): 234−266.

[6] Beck, Thorsten, Demirgilc−Kunt A. and Levine. Finance, Inequality, and the poor [J], Journal of Economic Growth, 2007, 85 (1): 27−49.

[7] Coleman Richard. Is The Future of the Microfinance Movement to be Found on the Internet? [A]. BE press, 2007: 1096.

[8] Cull, Demirgtic − Kunt A, Morduch J. Financial performance and outreach: A global analysis of leading microbanks [J]. Economic Journal, 2007 (17): 107−133.

[9] Gupte R, B Venkataramani and D Gupta. Computation of Financial Inclusion index for India [J]. Procedia−Social and Behavioral Sciences, 2012 (37): 133−149.

[10] Gimet, C, Lagoarde − Segot, T. Financial Sector Development and

Access to Finance: Dose Size Say It All? [J]. Emerging Market Review, 2012, 13 (3): 316—337.

[11] H. chennery, m. sycquin, patterns of development, 1950 — 1970, oxford university press, 1975.

[12] Helms Bright, Access for All: Building Inclusive Financial Systems [M], Washington, The World Bank, 2006.

[13] Hoff Karla. Joseph E. Stiglitz, Imperfect information and rural credit market [J]. The World Bank Economic Review, 1990 (3): 235—250.

[14] Honohan P. Measuring Microfinance Access: Building on Existing Cross-country Data [R]. 2005.

[15] Juan Buchenau. Innovations in Rural Finance [A]. Invited Lead Paper for the International Conference on Best Practice in Rural Finance Washington D. C. 2003.

[16] Li, H., L. Squire, and H. zou, 1998, Explaining international and intertemporal Variations in income inequality, Economic Journal 108, 26—43.

[17] Littlefield Elizabeth, Jonathan Morduch, and Syed Hashemi. Is Microfinance an Effective Strategy to Reach the Millennium Development Goals? [J]. Focus Notes 2003 (24): 10—21.

[18] Liza Valenzula. Getting the Recipe Right: The Experience and Chenllenges of Commercial Bank Downscales [J]. in the Commercialization of Micro finance, Kumarian Press, 2001.

[19] Mackinnon, R. Money and Capital in Economic Development [M]. Washington, D C, Rookings Institution, 1973.

[20] Mandira Sarma. Index of financial inclusion — A measure of financial sector inclusiveness [R], Working paper NO. 07/2012.

[21] Mandira Srama. Index of Financial Inclusion, Indian Council for Research on International Economic Relations [C]. Working Paper, August 2008. No. 215.

[22] Nations Unies, United Nations Capital Development Fund. Building Inclusive Financial Sectors for Development [M]. NewYork: Nations Unites, 2006.

[23] Patrick Honohan. Cross — country variation in household access to

financial services [J]. Journal of Banking & Finance, 2008 (32): 2493-2500.

[24] Patrick, Honohan. Financial development, growth, and poverty: how close are the links? [R]. World Bank Policy Research Working Paper, 2004.

[25] Rubana Mahjabeen. Microfinancing inBangladesh: Impact on households, consumption and welfare [J]. Journal of Policy Modeling. 2008, 30 (6): 1083-1092.

[26] Shahidur R. Khandker, Hussain A. Samad, Zahed H. Khan. Income and employment effects of micro-credit programmes: Village-level evidence fromBangladesh [J]. Journal of Development Studies, 1998 (2): 96-124.

[27] Srikant M. Datar Marc J. Epstein&Kristi Yuthas. In Microfinance, Clients Must Come First [J]. Standford Social Innovation Review, winter 2008: 37-45.

[28] Stiglitz J. and A. Weiss. Credit Rationing in Markets with Imperfect Information [J]. American Economic Review, June 1981, 71 (3): 393-410.

[29] William Nordhaus, James Tobin. Is Growth Obsolete? [A]. Economic Growth. New York Columbia University Press, 1972.

[30] Zeller Manfred, Manohar Sharma. Rural Finance and Poverty Alleviation [R]. Food Policy Report, IFPRI, 1998.

[31] 海拉·明特. 发展中国家经济学 [M]. 伦敦: 哈钦森大学图书馆, 1964.

[32] 曹芳. 巴西应对金融危机的经验与借鉴 [J]. 西部金融, 2012 (3): 71-73.

[33] 陈一婷, 陈文新. 新疆城乡收入差距和金融发展关系的实证分析 [J]. 科技经济市场, 2010 (3): 65-67.

[34] 丁志国. 我国城乡收入差距的库兹涅茨效应识别与农村金融政策选择 [J]. 金融研究, 2011 (7): 142-151.

[35] 杜朝运, 李滨. 基于省际数据的我国普惠金融发展测度 [J]. 区域金融研究, 2015 (3): 4-8.

[36] 杜晓山. 建立可持续性发展的农村普惠制金融体系 [J]. 金融与经济,

2007（2）：33-37．

[37] 杜晓山．小额信贷的发展与普惠性金融体系框架[J]．中国农村经济，2006（8）：70-78．

[38] 范璟．股权回报高达40％印度微型金融的赚钱神话[N]．21世纪经济报道，2010-11-12．

[39] 付东升．中国农村金融发展的制度创新研究[D]．长春：吉林大学，2012．

[40] 付兆刚．统筹城乡的评价指标体系与实证分析[J]．哈尔滨商业大学学报（社会科学版），2009（3）：59-63．

[41] 何广文．处理好农村金融发展和农村经济增长的关系[J]．经济研究参考．2002（7）：27．

[42] 何强，吕光明．福利测度方法的研究述评[J]．财经问题研究，2009（7）：31-36．

[43] 黄庆华，王钊，姜松．城乡统筹发展水平测度及动态研判：以重庆市为例[J]．农业技术经济，2012（2）：99-108．

[44] 纪敏，祝红梅．农村金融服务创新实践[J]．中国金融，2015（8）：10-12．

[45] 焦瑾璞，黄亭亭，汪天都，张韶华，王瑱．中国普惠金融发展进程及实证研究[J]．上海金融，2015（4）：12-22．

[46] 焦瑾璞．建设中国普惠金融体系[M]．北京：中国金融出版社，2009．

[47] 焦瑾璞．普惠金融的国际经验[J]．中国金融，2014，(10)：68-70．

[48] 解栋栋．金融发展不平衡与城乡收入差距关系的经验研究[J]．世界经济情况，2008（7）：55-59．

[49] 雷和平．让普惠金融真正进村入户[N]．金融时报，2014-7-24．

[50] 李春宵，贾金荣．我国金融排斥程度研究－基于金融排斥指数的构建与测算[J]．当代经济科学，2012（2）：9-15．

[51] 李实，赵人伟．收入差距还会持续扩大吗[J]．中国改革，2006（7）：44-46．

[52] 栗惠民，莫壮才．国外城乡统筹发展理论与实践探索[J]．海南金融，2011年（6）：24-26．

[53] 林毅夫，孙希芳．信息、非正规金融与中小企业融资[J]．经济研究，2005（7）：35-44．

[54] 刘玲玲，杨思群，姜朋，等．清华经管学院中国农村金融发展研究报告

[M]. 北京：清华大学出版社，2010.

[55] 罗斯丹，陈晓. 基于普惠金融综合指数的我国区域普惠金融发展水平测度［J］. 长春师范大学学报，2015.10（34）：10-16.

[56] 马翠莲. 普惠金融冉冉升起，道路会越走越宽［N］. 上海金融报，2014-04-22.

[57] 莫壮才. 对日本农业政策与农业政策性金融的思考［J］. 农业发展与金融，2008（11）：57-60.

[58] 年志远，马宁. 我国新型农村金融制度安排的缺陷及其完善［J］. 经济纵横，2009（9）：86-88.

[59] 庆华，王钊，姜松. 城乡统筹发展水平测度及动态研判：以重庆市为例［J］. 农业技术经济，2012（2）：99-108.

[60] 宋辅良. 农民呼唤金融服务全覆盖—探访推进农村金融服务全覆盖工程之湖北攻略［N］. 金融时报，2012-10-10.

[61] 汤敏. 如何加快普惠型金融发展［J］. 中国金融，2010（10）：9-11.

[62] 田杰，刘勇，刘蓉. 信息通讯技术、金融包容与农村经济增长［J］. 中南财经政法大学学报，2014（2）：112-118.

[63] 田思明. 新农村建设：背景、成效、问题及启示——中日韩的比较研究［J］. 中国农史，2007（05）：39-42.

[64] 王睿，明悦，蒲永健. 普惠性金融体系下农村小额信贷机构的研究分析［J］. 重庆大学学报：社会科学版，2008（5）：28-34.

[65] 王伟，田杰，李鹏. 我国金融排除度的空间差异及影响因素分析［J］. 金融与经济，2011（3）：13-17.

[66] 王忠钦. 我国金融发展和城乡收入差距——理论分析、实证检验和政策建议［D］. 成都：西南财经大学，2006.

[67] 王红贵. 村镇银行生存发展面临十大问题［N］. 中国经济时报，2008年05月28日15：51

[68] 吴晓灵. 普惠金融是中国构建和谐社会的助推器［N］. 金融时报，2010.06.21.

[69] 向忠德. 我国普惠金融发展的金融基础设施的研究［D］. 长沙：湖南农业大学，2012.

[70] 谢升峰，田东山，彭辉等. 实现农村金融全覆盖的普惠金融体制创新［J］. 金融经济，2014（7）：17.

[71] 谢升峰. 微型金融与低收入群体信贷［J］. 宏观经济研究，2010（9）：

49-53.
[72] 许威,范璟. 印度微型金融等待央行裁决 扩张或萎缩[N]. 世纪经济报道,2011-02-22.
[73] 姚耀军. 金融发展、城市化与城乡收入差距——协整分析及其Granger因果检验[J]. 中国农村观察,2005(2):2-8.
[74] 杨团,孙炳耀,石远成. 韩国农协2012考察报告及对中国三农启示[N],新浪农业http://www.sina.com.cn.2012.09.05.
[75] 杨序琴. 小额信贷发展的占优均衡:福利主义宗旨与制度主义机制的有机融合[J]. 金融理论与践.2007(2):23-25.
[76] 叶志强,陈习定,张顺明. 金融发展能减少城乡收入差距吗?——来自中国的证据[J]. 金融研究,2011(2):42-56.
[77] 张红宇. 城乡居民收入差距的平抑机制:工业化中期阶段的经济增长与政府行为选择[J]. 管理世界,2004(4):55-64.
[78] 张杰. 中国农村金融制度:结构,变迁与政策[M]. 北京:中国人民大学出版社,2003.
[79] 张军. 高利率在"过滤"风险[J]. 资本市场,1997(Z1):34-37.
[80] 张立军,湛泳. 金融发展影响城乡收入差距的三大效应分析及其检验[J]. 数量经济技术经济研究,2006,23(12):73-81.
[81] 张晓山等. 走向多元化、竞争性的农村金融市场[M]. 太原:山西经济出版社,2006.
[82] 中国人民银行合肥中心支行青年课题组. 农村普惠金融发展及其福利效应研究[J]. 金融纵横,2014(12):47-56.

后　记

　　收到四川大学出版社陈纯女士寄来的书稿，看到字里行间不同颜色的标注和斧正，不禁内心涌起一股暖流，突然想补写这篇后记。

　　不为别的，只为感谢。感谢出版社的编辑们辛苦而细致的工作，正是他们的辛勤劳动才有本书的面世；感谢国家社科基金评审专家给予许多中肯意见，正是他们近乎严苛的要求才使得这项社科研究更趋严谨；感谢在本书稿撰写过程中协助我的同事、学生，他们是金融系的王鸾凤教授、朱小梅教授以及已经参加工作而当时参与本研究项目的卢娟红、许宏波、陈方同学。当然，还要感谢家人在背后的默默支持和付出。

　　获得一项国家社科基金资助的项目十分不易，而结题过程也充满艰辛。真正的科学研究是一条十分漫长的路，它学无止境又充满荆棘，没有捷径可走，必须耐得住寂寞，坐得了冷板凳。才可能在科研工作中取得一些成绩。

　　当然，也为心中的一份梦想，一份执着的信念。十几年来，我的项目以及论文为什么一直关注农村、农民和农业，从新农村建设，到城乡统筹，再到目前的乡村振兴，出书、申报课题、报奖、发表论文，其实也是因为一直以来对"农"字的情结，对农村、农民、农业、农活、农种、农耕、农家有太多太深的记忆和情感。乡村衰退是全球共同面临的挑战。眼里的农村，尽管高楼和汽车多了，柏油马路取代了往日的泥泞小径，农民们再不也用干到"月亮出来，黑灯瞎火"，但贫瘠的乡村文化，日渐荒芜而单调的农业，越来越宁静的田野，无法融入城市的失地农民工，难以逾越的城乡差距，仿佛时刻诉说着"三农"的不易。欣慰的是乡亲们朴素的面容，永远就像小时候给我的感觉一样，如习近平总书记说过的，"一生中，帮助最大的，一是革命的先辈，一是陕北的老乡们"。走过万水千山，最终免不了魂归故乡的黑土地。

　　农民为国家的发展做出了巨大的贡献。实施乡村振兴战略，是解决人民日益增长的美好生活需要和不平衡不充分的发展之间矛盾的必然要求，是实现"两个一百年"奋斗目标的必然要求，是实现全体人民共同富裕的必然要求。

实现乡村振兴，资金是最大的制约因素。在城市反哺农村大势所趋之下，我们需要将目前的三只队伍"386199"改造为四只队伍：贴心当家人、致富带头人、科技推广人、农村经纪人，就需要普惠性资金的注入。

期待未来的农村，在普惠金融的照耀下，成为科技人才、年轻创业者大展宏图之地；让数字科技普惠金融推动农业全面升级、农村全面进步、农民全面发展，谱写新时代乡村全面振兴新篇章。

谢升峰　谨识于琴园

2018 年 11 月 22 日